M

Agrégé d'histoire, (

enseignant, Max Gallo a toujours mené de front une œuvre d'historien, d'essayiste et de romancier, s'attachant à restituer les grands moments de l'Histoire et l'esprit d'une époque. Il est aussi l'auteur de biographies abondamment documentées sur de grands personnages (Napoléon, de Gaulle, César, Victor Hugo, Louis XIV, Jésus). Avec *1940, de l'abîme à l'espérance* (2010), il a initié une grande histoire de la Deuxième Guerre mondiale, achevée en 2012 avec *1944-1945, le triomphe de la liberté*. Il est également l'auteur d'une histoire de la Première Guerre mondiale, composée de *1914, le destin du monde* (2013) et de *1918, la terrible victoire* (2013). Tous ces ouvrages ont paru chez XO.

Chez le même éditeur, Max Gallo a publié ses mémoires, *L'Oubli est la ruse du diable* (2012), ainsi que *Geneviève, lumière d'une sainte dans un siècle obscur* (2013) et *La Chute de l'Empire romain* (2014). Son dernier titre, *François Ier*, paraît chez XO en 2014.

Max Gallo a été élu le 31 mai 2007 à l'Académie française, au fauteuil du philosophe Jean-François Revel.

1918
LA TERRIBLE
VICTOIRE

DU MÊME AUTEUR
CHEZ POCKET

MAX GALLO

de l'Académie française

Une histoire
de la Première Guerre mondiale

1918
LA TERRIBLE
VICTOIRE

RÉCIT

XO ÉDITIONS

Pocket, une marque d'Univers Poche,
est un éditeur qui s'engage pour la
préservation de son environnement et
qui utilise du papier fabriqué à partir
de bois provenant de forêts gérées de
manière responsable.

© XO Éditions, Paris, 2013
ISBN : 978-2-266-25045-0

« Je m'indigne de l'énormité inutile de nos pertes.
Tout disposé que je sois à me sacrifier, je voudrais
du moins que le gaspillage des vies et des forces
fût connu un peu plus chaque jour et que le péril
qui nous menace, mourir de notre victoire, soit
entrevu et conjuré. »

Maurice GENEVOIX
Vie et mort des Français, 1914-1918

L'auteur cite Jean Vigier, officier de troupe, tué à
Verdun en novembre 1916. Premier de sa promotion à
l'École normale supérieure (1909). Premier à l'agréga-
tion de philosophie (1912).

« Et c'est fini […].
Je songe à vos milliers de croix de bois, alignées
tout le long des grandes routes poudreuses […].
Combien sont encore debout, des croix que j'ai
plantées ?
Mes morts, mes pauvres morts, c'est maintenant
que vous allez souffrir, sans croix pour vous
garder, sans cœurs où vous blottir. Je crois vous
voir rôder, avec des gestes qui tâtonnent, et cher-
cher dans la nuit éternelle tous ces vivants ingrats
qui déjà vous oublient. »

Roland DORGELÈS,
Les Croix de bois, 1919

« *Pour moi, la convention d'armistice lue, il me semble qu'à cette heure, en cette heure terrible, grande et magnifique, mon devoir est accompli. [...] Et puis, honneur à nos grands morts, qui nous ont fait cette victoire. [...] Quant aux vivants [...] que nous accueillerons quand ils passeront sur nos boulevards en route vers l'Arc de triomphe, qu'ils soient salués d'avance ! Nous les attendons pour la grande œuvre de reconstruction sociale.*
Grâce à eux, la France, hier soldat de Dieu, aujourd'hui soldat de l'humanité, sera toujours le soldat de l'idéal. »

Georges CLEMENCEAU,
président du Conseil, à la Chambre des députés,
le 11 novembre 1918

« *Paix ou pas paix, c'est trop tard, c'est une défaite. Rien à faire je vous dis, le coup est joué. Pour nous autres, c'est une défaite.*
Sulphart leva la tête et dévisagea celui qui parlait ainsi.
— Moi, lui dit-il, je dis et je prétends que c'est une victoire.
Le buveur le regarda et haussa les épaules.
— Pourquoi ça, que c'est une victoire ?
Sulphart, déconcerté, chercha un instant, ne trouvant pas tout de suite les mots qu'il fallait pour exprimer son farouche bonheur. Puis, sans même comprendre la terrible grandeur de son aveu, il répondit crûment :
— J'trouve que c'est une victoire, parce que j'en suis sorti vivant... »

Roland DORGELÈS
Les Croix de bois, 1919

ÉVOLUTION DES LIGNES DE FRONT AU COURS DE LA GUERRE

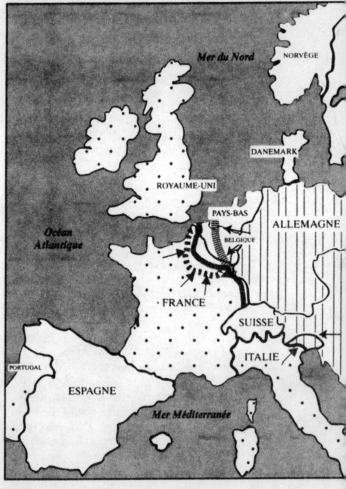

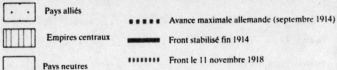

	Pays alliés		Avance maximale allemande (septembre 1914)
	Empires centraux		Front stabilisé fin 1914
	Pays neutres		Front le 11 novembre 1918

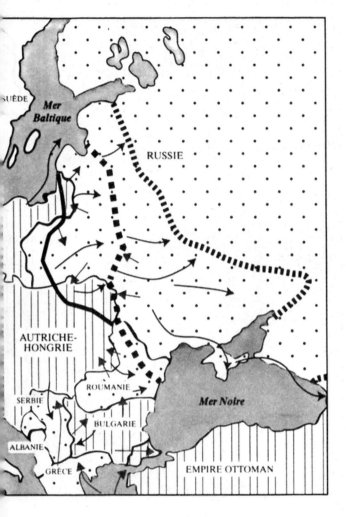

▬▬▬ Front février 1915	◥ Offensives des Alliés
■■■■ Front 1917	→ Offensives des empires centraux
⸗⸗⸗ Front 1918	

L'EUROPE D'APRÈS-GUERRE

Territoires enlevés à l'Allemagne

Limite du territoire allemand occupé et démilitarisé

Territoires enlevés à la Russie

FINLANDE

Mer
Baltique

SUÈDE

ESTONIE

LETTONIE

LITUANIE

RUSSIE

ALLEMAGNE

POLOGNE

TCHÉCOSLOVAQUIE

AUTRICHE

HONGRIE

ROUMANIE

Mer Noire

YOUGOSLAVIE

BULGARIE

ALBANIE

GRÈCE

EMPIRE OTTOMAN

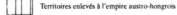

Territoires enlevés à l'empire austro-hongrois

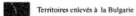

Territoires enlevés à la Bulgarie

.... Anciennes frontières

PROLOGUE

« HONNEUR
À NOS GRANDS MORTS »

Cet homme au teint blême, le visage crispé, les sourcils broussailleux, la grosse moustache blanche couvrant, en désordre, presque toute la bouche, c'est le président du Conseil Georges Clemenceau, en ce début d'après-midi du lundi 11 novembre 1918.

Le chef du gouvernement est tassé au fond d'une voiture, à laquelle les gendarmes tentent d'ouvrir un passage, afin qu'elle puisse gagner le Palais-Bourbon, malgré la foule innombrable rassemblée devant la Chambre des députés.

Clemenceau doit présenter officiellement le texte de l'armistice, signé en forêt de Compiègne, dans la clairière de Rethondes, et entrant en application, ce lundi, à 11 heures.

Un coup de canon, puis les sonneries des cloches de toutes les églises de Paris ont annoncé la capitulation allemande.

Le IIe Reich, proclamé par Bismarck, dans la galerie des Glaces, à Versailles, en janvier 1871, s'est incliné. L'heure de la revanche est venue : l'Alsace et la Lorraine, annexées par les Allemands dès 1870, font à nouveau partie de la mère patrie.

On a retiré le voile de crêpe noir qui recouvrait la statue de Strasbourg, place de la Concorde.

La foule a envahi les Champs-Élysées, les ponts, les places, les boulevards. Elle danse, elle chante, elle porte les soldats en triomphe.

« Les soldats de tous pays embrassent toutes les femmes », écrit un adolescent dans son journal. On agite des drapeaux alliés. On scande « Vive Clemenceau ». On s'agglutine, malgré les gendarmes, autour de la voiture du président du Conseil. On découvre Clemenceau, vieil homme, le visage fermé, qui répond aux acclamations, en levant d'un geste las ses mains gantées de gris.

On est fasciné par cet homme si vieux (77 ans !) qui paraît écrasé de fatigue.

C'était donc lui celui qu'on avait surnommé le Tigre, le Tombeur de ministères, qui s'était opposé à Gambetta, à Ferry, à Poincaré, qui avait déjà 73 ans en 1914 !

Son attitude imposait le respect, et l'on s'écartait de la voiture mais l'on continuait à l'acclamer.

C'était Clemenceau, le radical, le patriote, qui avait pris la défense de Dreyfus, qui avait impitoyablement brisé les grèves lorsqu'il était ministre de l'Intérieur, premier flic de France.

C'était le Père la Victoire !

Le 6 novembre, devant les députés, alors que la signature de l'armistice n'était plus qu'une question d'heures ou de quelques jours, il avait déclaré :

« Et maintenant il faut gagner la paix, c'est peut-être plus difficile que de gagner la guerre. Il faut que la France se ramasse sur elle-même, qu'elle soit disciplinée et forte. »

Ce 11 novembre, tous les députés, et les invités admis dans les loges qui surplombent l'hémicycle du

18

Palais-Bourbon, se sont levés quand, à 3 h 50, Clemenceau est entré dans la salle des séances et l'ont acclamé.

Clemenceau n'était plus le vieil homme qu'on avait aperçu épuisé, visage fermé, rencogné dans sa voiture.

C'était un homme transfiguré qui gagnait la tribune, un orateur capable de soulever d'enthousiasme son auditoire, sans jamais le flatter.

C'était un homme d'État, un patriote exalté par la volonté d'entraîner la nation, de dire la vérité.

La politique, à l'écouter, était porteuse d'idéal.

« Messieurs, il n'y a qu'une manière de reconnaître de tels hommages venant des Assemblées du peuple, dit-il, si exagérés qu'ils puissent être, c'est de nous faire tous, les uns et les autres, à cette heure, la promesse de toujours travailler, de toutes les forces de notre cœur, au bien public. […]

« Je vais maintenant vous donner lecture du texte officiel de l'armistice qui a été signé ce matin à cinq heures par le maréchal Foch, l'amiral Wemyss et les plénipotentiaires de l'Allemagne. »

Il lit lentement les conditions essentielles imposées à l'Allemagne[1].

Puis Clemenceau se redresse, empoigne la tribune, son expression change, sa voix martèle :

« Pour moi, la convention d'armistice lue, il me semble qu'à cette heure, en cette heure terrible, grande et magnifique, mon devoir est accompli.

« Un mot seulement. Au nom du peuple français, au nom du gouvernement de la République française, j'envoie le salut de la France une et indivisible à l'Alsace et la Lorraine retrouvées. »

---

1. Voir note en fin de chapitre.

Les députés se lèvent et acclament longuement Clemenceau.

Il laisse la vague d'applaudissements se tarir et, d'une voix plus tranchante encore, plus ample, il reprend :

« Et puis, honneur à nos grands morts, qui nous ont fait cette victoire. Par eux nous pouvons dire qu'avant tout armistice la France a été libérée par la puissance des armes. Quant aux vivants vers qui dès ce jour nous tendons la main et que nous accueillerons quand ils passeront sur nos boulevards en route vers l'Arc de triomphe, qu'ils soient salués d'avance ! Nous les attendons pour la grande œuvre de reconstruction sociale.

« Grâce à eux, la France, hier soldat de Dieu, aujourd'hui soldat de l'humanité, sera toujours le soldat de l'idéal ! »

Les députés debout l'acclament.

« La voilà donc enfin, l'heure bénie, pour laquelle nous vivons depuis quarante-sept ans ! […], déclare Paul Deschanel, président de la Chambre des députés. Et demain nous serons à Strasbourg et à Metz ! Nulle parole humaine ne peut égaler ce bonheur. »

La nuit tombe, mais la foule, malgré la pluie glacée, est toujours aussi dense, aussi joyeuse, comme emportée par un délire de fraternité exaltée.

Rue Royale, devant le Maxim's ou le Weber, on se passe des bouteilles de champagne afin de boire une rasade au goulot.

Au Théâtre-Français, une comédienne, debout sur une table, épaules nues, le buste drapé dans un drapeau tricolore, récite un poème dont l'auteur lui passe les feuillets au fur et à mesure qu'il achève de les écrire.

« Enfin nous te baisons, Victoire, sur la bouche…

« Ce soir la France est comme un lit sur une cime

« Où tu te livres nue à nos baisers ardents. »

Place de l'Opéra, la lueur d'un projecteur éclaire la façade du Grand Hôtel.

La foule qui remplit la place applaudit tout à coup, elle croit reconnaître à l'une des fenêtres Clemenceau. Mais la silhouette disparaît cependant que du haut des marches de l'Opéra la cantatrice Martine Chenal entonne les premières paroles de *La Marseillaise*.

> *Allons enfants de la Patrie,*
> *Le jour de gloire est arrivé...*

Bientôt la foule chante avec elle dont les accents dominent ce chœur improvisé et puissant.

Et quand le chant a cessé, que les acclamations se sont apaisées, tout à coup on entend crier d'une voix de stentor :

« Vivent les morts ! »

Le silence fige la foule, puis, comme une détonation, plus forte encore, la voix répète :

« Vivent nos morts ! »

Quelqu'un, de l'autre coin de la place, lance :

« Vive la France ! »

La foule, après un frémissement, se remet à chanter.

NOTE

Les lecteurs doivent se reporter à l'indispensable *Dictionnaire de la Grande Guerre 1914-1918*, sous la direction de François Cochet et Rémy Porte, coll. Bouquins, Robert Laffont, 2008.

Les conditions sont très dures.

La première partie énumère les points applicables sur le front ouest : évacuation immédiate des pays envahis, Belgique, France, Luxembourg, ainsi que l'Alsace-Lorraine. Non seulement différents types d'armes doivent être livrées, mais il faut y ajouter cinq mille locomotives et cent cinquante mille wagons « en bon état de roulement » dans un délai de trente et un jours.

Les territoires de la rive gauche du Rhin doivent être évacués et administrés sous le contrôle des troupes d'occupation des Alliés et des États-Unis qui tiendront garnison en tenant les principaux points de passage du Rhin – Mayence, Coblence, Cologne…

L'entretien des troupes d'occupation est à la charge des autorités allemandes et le Reich doit procéder au rapatriement immédiat sans réciprocité de tous les prisonniers de guerre des Alliés et des États-Unis.

La deuxième partie concerne le front oriental. Toutes les troupes allemandes qui se trouvent actuellement dans les territoires qui faisaient partie avant la guerre de l'Autriche-Hongrie, de la Roumanie, de la Turquie doivent rentrer immédiatement dans les frontières de l'Allemagne telles qu'elles étaient le 1er août 1914. L'Allemagne doit renoncer aux traités qu'elle a conclus avec la Roumanie et la Russie bolchevique – traités de Bucarest et de Brest-Litovsk… Les Alliés auront libre accès à ces territoires évacués par les Allemands.

La troisième et la quatrième partie exigent notamment la cessation des hostilités en Afrique orientale.

La cinquième partie traite des clauses financières et des réparations des dommages provoqués par la guerre, ainsi que de la restitution immédiate de l'encaisse de la Banque de Belgique, et de la restitution de l'or russe ou roumain pris par les Allemands ou remis à eux.

La sixième partie concerne les questions navales. Les navires de guerre sont désarmés et internés. On dresse la liste des navires les plus récents, dans la perspective de leur saisie.

La septième partie menace l'Allemagne d'un « blocus » alimentaire. « Les Alliés et les États-Unis envisagent le ravitaillement de l'Allemagne dans la mesure reconnue du nécessaire… »

PREMIÈRE PARTIE

1914-1917

CHAPITRE 1

1918-1914

Tant de morts !

Clemenceau, ce lundi 11 novembre 1918, jour de liesse, d'espérance et de gloire, alors qu'il se trouve encore au Grand Hôtel de l'Opéra, n'a pas eu besoin d'entendre ces deux voix anonymes qui se répondaient d'un bout à l'autre de la place, l'une criant « Vivent les morts ! Vivent les morts ! » et l'autre lançant « Vive la France ! ».

Clemenceau sait que depuis le mois d'août 1914, un grand massacre, une hécatombe terrible a taillé en pièces, réduit souvent à une bouillie sanglante les corps de millions de jeunes hommes.

C'est lui qui, dans l'après-midi de ce 11 novembre, s'adressant aux députés d'une voix solennelle, clame « honneur à nos grands morts ».

Il a vu leurs corps agonisants dans les mouroirs que sont devenues les salles qui, dans les hôpitaux, sont réservées aux « grands blessés ».

Clemenceau, sénateur, président de la commission des Affaires étrangères et de l'Armée du Sénat, s'est rendu souvent en première ligne.

Il a parcouru ce labyrinthe de tranchées qu'est devenu, des Vosges aux Flandres, le front, après que l'armée française a, en septembre 1914, gagné la bataille de la Marne. Les Allemands ont reculé et les armées se sont enterrées.

Quand on marche dans ces tranchées, on sait qu'on piétine des débris de soldats, enfouis sous une bâche.

Mais, parfois, une main sort de la terre des talus ou des parapets. Et un soldat y a accroché sa musette.

Quand Clemenceau a occupé quelques minutes la place d'un guetteur, il a vu ces cadavres, allemands et français mêlés, vestiges d'une attaque et d'une contre-attaque, accrochés aux rouleaux de fil de fer barbelé, cette toile d'araignée qu'on n'a pu franchir, et on a offert ainsi son corps aux mitrailleuses ennemies.

Et de ces corps crevés et abandonnés sortent souvent des rats, énormes comme de gros chats, nourris d'entrailles et de chair humaines.

« Honneur à nos grands morts », a répété Clemenceau.

Les soldats l'ont croisé en première ligne dès le mois d'octobre 1915 – il n'est que sénateur –, puis tout au long de la guerre et plus encore quand en novembre 1917 il est devenu président du Conseil.

Botté, un passe-montagne serrant ses joues ridées de vieil homme, il porte un étrange bonnet, et s'aide pour gravir les talus d'une canne, qu'il brandit, écartant les officiers qui l'entourent et lui conseillent de ne pas s'exposer, mais il s'obstine, bougonne, crie même des injures, défiant l'ennemi.

« Je veux flairer le Boche », dit-il.

Et, ne cessant que lorsqu'il sera chef du gouvernement, il écrit chaque jour un éditorial dans son journal, *L'Homme enchaîné*, ce quotidien dont il a choisi le titre pour bien marquer qu'il est soumis à la censure et qu'il veut avertir le lecteur qu'il n'y a plus d'*Homme libre* – le titre précédent.

Georges Clemenceau sur le front de Champagne en 1918.
Il est suivi par le général Gouraud.

Mais c'est le patriote qui écrit, c'est le radical, le
républicain qui martèle qu'il faut se battre jusqu'à la
victoire.

Après l'une de ses visites au front – en janvier 1916 –,
il intitule son article : « Confiance, Confiance ! ».

« Du plus grand chef penché sur ses cartes au plus petit soldat, attentif à son poste d'écoute, dans sa case de boue – parfois à quelques mètres de l'ennemi –, nous n'avons trouvé, nous n'avons senti que la magnifique unanimité d'une résolution d'âme et de volonté sereinement supérieure à toutes chances de fléchissement. »

Ce lundi 11 novembre 1918, il a en tête ce qu'il a vu. Il sait de combien de « grands morts » la France a payé cet armistice, sa victoire.

Pour les cinq mois de l'année 1914 – de la déclaration de guerre en août à décembre –, on a dénombré 300 000 tués ou disparus, et 600 000 blessés graves !

Et ce lundi 11 novembre 1918, jour de gloire, de farandoles, d'embrassades, on compterait – Clemenceau exige que le ministre de la Guerre lui communique le dernier état des pertes et ce 11 novembre ce ne peut être encore qu'une approximation – 1 322 000 Français tués ou disparus, et au moins 4 266 000 blessés graves.

Les Allemands auraient perdu 1 800 000 hommes, les Russes, près de 2 000 000, et l'Empire austro-hongrois 1 400 000 !

En France pas un village, pas un quartier des villes de la République, où l'on ne croise femmes, enfants, vieux hommes en deuil, brassard funèbre au bras, voile noir cachant les visages ravagés des épouses, des sœurs, des mères. Et l'on ne remarque même plus les mutilés tant ils sont nombreux.

Oui, honneur à nos grands morts.

C'est le thème, même si les mots changent, du discours prononcé le 22 décembre 1914 par Paul Deschanel, président de la Chambre des députés.

Le gouvernement et les parlementaires viennent de

rentrer de Bordeaux où ils s'étaient repliés au moment de l'offensive allemande vers la Marne en août 1914.

Paul Deschanel est à la tribune, souvent interrompu par des acclamations. Il exprime sa gratitude aux soldats tombés par dizaines de milliers. « Représentants de la France, élevons nos âmes vers les héros qui combattent pour elle, commence-t-il.

« Depuis cinq mois, ils luttent pied à pied, offrant leur vie gaiement, à la française, pour tout sauver. »

« Gaiement ? »

On peut encore dire cela en décembre 1914, quand on n'a pas pris conscience de l'ampleur et de l'horreur du massacre.

Mais Deschanel se laisse emporter par le lyrisme.

« Jamais la France, poursuit-il, ne fut plus grande ; jamais l'humanité ne monta plus haut !

« Soldats intrépides joignant à leur naturelle bravoure le courage, plus dur, des longues patiences ; chefs à la fois prudents et hardis, unis à leurs troupes par une mutuelle affection [...]. Vit-on jamais en aucun temps, en aucun pays plus magnifique explosion de vertus ? [...]

« Ah, c'est que la France ne défend pas seulement sa terre, ses foyers, les tombeaux des aïeux, les souvenirs sacrés, les œuvres idéales de l'art et de la foi [...] le respect des traités, l'indépendance de l'Europe et la liberté humaine [...]. Demain, après-demain, je ne sais, mais ce qui est sûr – j'en atteste nos morts – c'est que tous jusqu'au bout nous ferons tout notre devoir pour réaliser la pensée de notre race : "Le droit prime la force." »

Ce sont les derniers jours du mois de décembre 1914.

On avait imaginé, au mois d'août, une guerre courte de deux à trois mois.

Cinq se sont écoulés, et aucun observateur n'ose prévoir ce que sera l'année 1915.

On sait seulement que les blessés remplissent les hôpitaux, et que le noir du deuil s'insinue chaque jour au cœur de dizaines de milliers de familles.

Honneur à nos grands morts !

Mais quand le nouveau pape Benoît XV qui, le 3 septembre, a accédé au trône pontifical, propose qu'une trêve soit observée par toutes les armées combattantes, aucun écho ne lui répond.

Le sang continue de couler.

Personne n'imagine que cette guerre dont la démesure et la barbarie commencent à percer ici et là, en dépit des censures, ne va s'éteindre que le lundi 11 novembre 1918 à 11 heures du matin.

Honneur à nos grands morts !

CHAPITRE 2

1915

Tant de sacrifiés !

Il n'y a pas de « grand mort » pour le soldat du front. Le fantassin est recroquevillé dans la tranchée, blotti dans l'abri qu'il s'est creusé.

Dans la terre gelée de cet hiver 1915, il y a seulement des cadavres de camarades.

Durant quelques jours on se souvient de leurs noms, de leurs voix, de leurs visages. Puis on oublie. D'autres sont morts, tués par une rafale de mitrailleuse, le tir isolé d'un « Boche », qui a visé lentement, dans la nuit, ce point rouge, une cigarette, et le fumeur a payé de sa vie son imprudence. Des milliers sont tombés, fauchés par les éclats d'obus des tirs roulants d'artillerie lourde qui peuvent durer plusieurs jours et plusieurs nuits sans interruption. Désormais on fabrique et utilise les obus par millions.

L'état-major et d'abord le général Joffre – auquel on attribue la victoire de la Marne – rêvent d'une « percée » du front adverse, en Artois, en Champagne. Mais la préparation massive d'artillerie change les conditions de l'attaque. C'est une guerre de « matériel » qui peu à peu s'installe dans l'hiver 1915. Tout ce qui vit dans les tranchées de première ligne est menacé de mort.

Et cependant, jusqu'au printemps 1915, le soldat français, ce « poilu », qui vit enterré accroché à sa terre, ne dispose pas de casque ! Ni même d'uniforme.

Les tranchées de première ligne près de Soissons,
en août 1914.

Il ne porte plus les pantalons garance, ce rouge qui le transformait en cible. Il est vêtu comme il peut. On a distribué des tenues taillées dans du velours côtelé.

Enfin, dans le courant de l'année 1915 arriveront – avec les casques ! – les tenues bleu horizon.

Pour lutter contre le froid, chacun cherche à s'enve-
lopper de hardes, trouvées dans les ruines d'un village.

Une toile cirée protège de l'humidité. On ne se rase
pas, on est un « poilu ».

On se glisse, dès qu'on a cessé d'être requis pour
une corvée – guetteur, sentinelle, ou désigné pour une
patrouille – on s'enfonce dans ce « gourbi », ce trou où
les rats viennent par dizaines ronger les quelques pro-
visions qu'on tente de protéger, et on est réveillé en
sursaut, parce qu'ils déchiquettent les tissus, les bre-
telles et les ceinturons en cuir.

Et quand on a chassé les rats, il faut lutter contre les
poux qui grouillent dans les replis des tricots en flanelle.

L'on ne peut s'épouiller qu'au repos, lorsqu'une
autre compagnie est venue « relever » les hommes de la
première ligne.

À eux de mourir !

Le Grand Quartier général (GQG), dans une note du
mois de décembre 1914 quand le front est une ligne
continue de tranchées, des Vosges à la mer du Nord,
demande aux officiers de « réagir contre l'action dépri-
mante de la tranchée ».

Il faut, ordonne-t-il, « entretenir l'esprit offensif des
troupes ». Donc « monter des attaques » pour tenter de
conquérir quelques mètres de terrain, les ruines d'un
village, un talus, ou simplement pour éprouver la résistance de l'ennemi, chercher à le surprendre, l'obliger à
rester sur ses gardes.

Et des milliers d'hommes, d'un bout à l'autre du
front, s'élancent, poitrines nues, vers les barbelés et les
nids de mitrailleuses. Puis il faut se replier car l'artillerie et les contre-attaques ennemies arrêtent l'assaut et
il faut regagner sa tranchée, compter les morts, les disparus, évacuer les blessés.

Mais le GQG ne renonce pas à ses attaques dont Joffre déclare qu'elles « grignotent le front allemand ».

Et elles permettent au gouvernement français de manifester son soutien à l'Allié russe, bousculé par les troupes allemandes de Hindenburg et Ludendorff.

Mais que de « grands morts » durant les offensives de printemps puis d'automne (en Artois, Champagne, côtes de Meuse, Vosges) !

Que de destructions : de Notre-Dame-de-Lorette il ne reste que des ruines, les villages sont des amoncellements de pierres.

C'est la France que les combats saccagent car le front se situe sur le sol national.

C'est son peuple qui saigne.

La Grande-Bretagne, elle, n'a pas encore décrété le service militaire obligatoire et aucun obus ne bouleverse les villes et les paysages anglais.

Un jeune engagé allemand, Werner Beumelburg, décrit ce qu'il découvre de son poste de guet : « Un conglomérat sauvage d'entonnoirs et d'éléments de tranchées. Aucun arbre ni aucun buisson ne verdit plus sur la crête de la colline de Lorette. Les morts gisent non enterrés entre les lignes. Des patrouilles sortent pendant la nuit. De temps en temps une fusée à chenille jaune déchaîne pour dix minutes le vacarme infernal du barrage… Pendant la nuit les cuisines roulantes arrivent. Les hommes de corvée des compagnies des tranchées de première ligne sont déjà là. Accroupis à l'entrée des trous des caves, ils fument silencieusement une cigarette… La soupe fumante est ensuite distribuée. Et les porteurs disparaissent comme des ombres dans les boyaux qui montent vers les pentes[1]. »

---

1. Werner Beumelburg, *La Guerre de 14-18 racontée par un Allemand*, Paris, éditions Bartillat, traduction L. Koeltz, 1998.

Les « poilus » vivent, survivent, agissent, se comportent de la même manière.

La guerre de tranchées impose ses lois. Et le « matériel » – artillerie, mines, mitrailleuses, premiers bombardements aériens – et la puissance de feu des armes s'imposent aux états-majors, qui continuent pourtant de préparer et de déclencher des offensives, même si les gains de terrain sont infimes et effacés par la contre-offensive allemande ou française.

Une nouvelle limite est franchie quand le 22 avril 1915, en Flandre – contre les Anglais – les Allemands utilisent pour la première fois les gaz toxiques. Horreur ! Enfer ! Les soldats étouffent, sont aveuglés, jettent leurs armes, s'enfuient.

Et bientôt l'on voit des hommes titubant l'un derrière l'autre, formant une longue colonne où l'on se tient par les épaules, chenille d'aveugles, guidée par un homme qui n'a pas été exposé au gaz, et voit ses camarades le visage brûlé, tomber dans les entonnoirs, s'y noyer.

L'offensive française et anglaise en Champagne et en Artois, au printemps, est un échec.

Les pertes françaises s'élèvent à 215 000 tués, disparus ou prisonniers et à 480 000 blessés graves !

Les attaques lancées plus tard en été 1915 dans le secteur des Éparges, des côtes de Meuse et des Vosges, sont tout aussi sanglantes et stériles.

Au terme de cette année 1915 lugubre, on dénombrera pour les forces françaises : 375 000 tués ou disparus et 960 000 blessés graves !

Le général Foch note dans son carnet : « La percée

au sens propre du mot... semble devenue impossible depuis le nouvel armement. »

Mais tous les généraux, et d'abord Joffre, n'ont pas encore admis cette transformation de la guerre.

Alors, honneur à nos grands morts.

CHAPITRE 3

1915

Le doute commence à percer

Trop de morts en cette sinistre et lugubre année 1915.

Trop de mots grandiloquents, alors que l'Allemand – le Boche – s'est avancé à moins de cent kilomètres de Paris. Et qu'on ne réussit pas à le repousser, à percer ses lignes de défense. Il tient la cathédrale de Reims, la ville du sacre des rois, l'âme de la France royale, sous le feu de son artillerie lourde !

Alors le doute commence à percer, en dépit des titres des journaux qui annoncent que les Russes menacent Berlin, que les cosaques vont sabrer les uhlans.

Raymond Poincaré, président de la République et Lorrain, s'inquiète de ces ferments qui commencent à aigrir l'opinion.

Les présidents du Conseil qui se succèdent – Viviani, Briand – s'emploient à répéter que « l'union impérissable du Parlement, de la nation et de l'armée » est la condition de la victoire.

Mais les parlementaires eux-mêmes s'interrogent.

Deux cent vingt d'entre eux sont mobilisés, trois ont été tués au combat.

Clemenceau, dans *L'Homme enchaîné*, répète qu'il faut que le pouvoir civil l'emporte toujours sur le pouvoir militaire. Or les généraux veulent rester maîtres de leurs choix.

Ils rechignent à recevoir, au Quartier général, des élus. Et ceux-ci, au contraire, décident que la Chambre des députés siégera en permanence, envisagent la constitution de comités secrets où seront examinées les questions militaires, la conduite de la guerre.

Paul Deschanel, président de la Chambre, affirme que la nécessité se fait sentir d'un « contrôle plus fort, plus énergique que jamais » ! Et il ajoute : « Si le Parlement avait osé, s'il avait su davantage, la France, aujourd'hui, s'en trouverait mieux ! »

C'est la première critique, prudente certes, mais claire des choix des généraux.

Mais, dans les couloirs du Palais-Bourbon, un député radical-socialiste, Leffevre, s'insurge contre l'idée d'une session permanente de la Chambre.

« Il y a ici des collègues, dit-il, qui veulent siéger en permanence contre toute raison, parce qu'ils ne veulent pas aller au front. Ces inutiles séances de bavardage qu'ils se proposent de tenir pendant tout l'été ne sont qu'un prétexte peu glorieux pour se défiler. C'est un embusquage comme un autre. »

Premières dissonances !

L'union sacrée[1] ne se fissure pas, mais l'antiparlementarisme ressurgit, et la critique des « généraux »

1. Voir Max Gallo, *Le Destin du monde, 1914*, premier volume d'une *Histoire de la Première Guerre mondiale*, XO Éditions, 2013.
Le 4 août 1914, le président du Conseil René Viviani lit à la Chambre des députés un message de Raymond Poincaré, président de la République : « Dans la guerre qui s'engage, la France […]

prodigues du sang versé par les poilus s'affirme derrière le rituel des hommages à l'armée et à ses chefs.

Les députés se dédouanent ainsi, créent une « croix de guerre », médaille « au nom bref, clair et fier ».

« Le colonel, père du régiment, donnera la croix de guerre à ses enfants officiers ou soldats. Ce sera un puissant moyen d'émulation », conclut un député.

La décision est bien accueillie.

C'est dire que le patriotisme reste le ciment de l'opinion.

Les Emprunts lancés en faveur de la « défense nationale », l'échange volontaire des pièces d'or contre des billets est un succès qui mesure la force du patriotisme, de cette volonté de résister et de vaincre.

Clemenceau écrit dans *L'Homme enchaîné* :

« Il faut donner de l'argent pour que nos hommes aient le droit de verser leur sang ! »

Et cependant la société sort de la sidération provoquée par la guerre. Ainsi lorsque le ministre Millerand déclare : « Il n'y a plus de droits ouvriers, plus de lois sociales, il n'y a plus que la guerre », il sait que quatre-vingt-dix-huit mouvements de grève se sont déclarés en 1915 – aucun en 1914 !

---

sera héroïquement défendue par tous ses fils dont rien ne brisera devant l'ennemi l'union sacrée. »

Les socialistes font partie du gouvernement d'union sacrée qui se constitue à la fin du mois d'août 1914. L'union sera rompue quand en septembre 1917, puis en novembre 1917, les socialistes refuseront de participer aux gouvernements Painlevé, puis Clemenceau.

Mais la majorité des Français reste favorable à l'union sacrée durant toute la guerre.

Voir le *Dictionnaire de la Grande Guerre 1914-1918, op. cit.*

Alexandre Millerand.

À la Fédération syndicale des métaux, un homme déterminé, Alphonse Merrheim, regroupe une minorité, prend contact avec les révolutionnaires russes qui, autour de Trotski et de Lénine, veulent la cessation des hostilités et l'union des prolétaires pour que la révolution socialiste balaie les gouvernements au service du capitalisme.

Ces révolutionnaires – bolcheviques – convoquent une conférence internationale à Zimmerwald près de Berne, Merrheim s'y rend, rencontre Lénine et des socialistes allemands. « Cette guerre n'est pas notre guerre », proclame la conférence. Cette résolution n'a aucun écho en France.

« Même, reconnaîtra Merrheim, si j'avais été arrêté en revenant de Zimmerwald et fusillé, la masse ne se serait pas levée ; elle était trop écrasée sous le poids des mensonges de toute la presse et des préoccupations générales de la guerre. »

En fait le peuple, en dépit de l'amoncellement des cadavres, est résolument – jusqu'au sacrifice – patriote.

Il vibre en lisant l'appel lancé par Joffre, le 23 septembre 1915, à la veille de déclencher en Champagne une nouvelle offensive :

« Soldats de la République, après des mois d'attente qui nous ont permis d'augmenter nos forces et nos ressources tandis que l'adversaire usait les siennes, l'heure est venue d'attaquer pour vaincre […]. Allez-y de plein cœur pour la délivrance du sol de la patrie, pour le triomphe du droit et de la liberté. »

Nouvel échec, nouveaux « grands morts » !

Et pourtant, l'artillerie a écrasé les positions allemandes en déversant sur les tranchées ennemies 1 400 000 obus des canons de 75, et 300 000 obus des canons lourds !

Mais l'ennemi est incrusté profondément dans notre sol. Et parce que la percée semble toujours impossible, Paris et Londres organisent au flanc de l'Europe, à Gallipoli, dans les Dardanelles, des débarquements qui devraient permettre d'affaiblir les alliés du Reich, l'Autriche-Hongrie et l'Empire ottoman, en s'appuyant sur les Serbes et les Grecs.

Piétinement là aussi.

On se tourne vers l'Italie, restée neutre en 1914 malgré son alliance avec Vienne et Berlin. À Londres, on négocie le prix de son entrée en guerre contre l'Autriche-Hongrie. L'Italie serait payée, par l'annexion de territoires (Trieste), ce qui satisferait le nationalisme italien.

Des socialistes français se rendent à Milan et à Rome. Ils obtiennent le soutien d'une fraction du parti socialiste qui, autour d'un journaliste, Benito Mussolini, souhaite l'entrée en guerre aux côtés de Londres, Paris et Petrograd. Mussolini, dans le *Popolo d'Italia*, ce journal financé par les Français, exalte le nationalisme italien. Le 24 mai 1915, l'Italie entre dans la guerre.

« Qui a du fer a du pain », écrit Mussolini avant de s'enrôler dans les *Arditi*, troupes d'assaut italiennes, qui vont tenter de vaincre les Austro-Hongrois, dans le nord montagneux de la Péninsule, la région des Dolomites.

Des morts encore, noyés, quand un sous-marin allemand torpille le 7 mai 1915 le transatlantique *Lusitania*, au large de l'Irlande. Sur les 2 150 passagers, 700 survivent. Mais parmi les disparus, plus d'une centaine d'Américains.

« Il faut mettre l'Allemagne au ban des nations », déclare l'ancien président Theodore Roosevelt. Le gouvernement américain exige que l'Allemagne cesse « des pratiques illégales et inhumaines ».

Au même moment Guillaume II, soumis à la pression de ses amiraux et de l'état-major, envisage de déclarer la guerre sous-marine à outrance afin de soumettre l'Europe au blocus. Les conséquences d'un tel choix sont capitales. Les puissances neutres (et d'abord les États-Unis) ne peuvent assister sans réagir au torpillage de leurs navires par les sous-marins allemands.

Ainsi, la guerre, en cette année 1915, change une nouvelle fois de nature. Elle est sans limites. Au plan matériel, l'emploi des gaz se généralise. Au plan diplomatique, elle devient mondiale.

Les passagers du *Lusitania*, tentant d'échapper au naufrage
du paquebot britannique.

Les hommes aussi changent. Viviani, président du Conseil, épuisé, cède la place à Aristide Briand. Le général Gallieni devient ministre de la Guerre.

« Je suis un soldat, dit-il, je n'ai jamais fait de politique. Je n'ai accepté les fonctions de ministre de la Guerre que par dévouement à la cause commune que nous défendons tous. Mais j'ai la conviction absolue que ma tâche serait vouée, dès maintenant, à l'insuccès si je ne pouvais compter sur le concours complet du Parlement. »

Le 31 décembre 1915, Raymond Poincaré, président de la République, s'adresse au pays.

Portrait de Raymond Poincaré.

« Nous laisser aller à une défaillance momentanée, ce serait être ingrats envers nos morts et trahir la postérité », dit-il, confirmant ainsi le trouble de l'opinion qui commence à être perceptible.

De son côté, Briand, le nouveau président du Conseil, déclare à la Chambre des députés :

« Soldats et chefs réunis dans une mutuelle confiance rivalisent de courage, d'abnégation dans le service de la patrie, déployant dans les tranchées comme sur les champs de bataille les plus hautes qualités de notre race. »

Quant à Joffre, il adresse un Ordre général aux armées :

« Ne pensons au passé que pour y puiser des raisons de confiance. Ne pensons à nos morts que pour jurer de les venger. »

CHAPITRE 4

1916

Ce séjour en enfer

« Ne pensons qu'à venger nos morts ! »

Plus la guerre se prolonge, plus elle est barbare et cruelle, et plus ces propos du général Joffre expriment le but même de la guerre. On n'oublie pas l'Alsace et la Lorraine, ces provinces qui sont comme deux « enfants de la patrie arrachés à leur mère » et qu'il faut libérer. Mais c'est le flot de sang versé qui obsède, c'est lui qu'on doit d'abord « venger ».

C'est ce que veulent les combattants qui voient chaque jour tomber leurs camarades ; éventrés, décapités, réduits à n'être plus qu'une bouillie rouge.

Ces morts sont ensevelis dans la terre des tranchées que les obus de l'artillerie lourde ont projetée comme d'énormes pelletées. Les camarades sont là, même si on a oublié leurs noms, leurs voix, leurs visages.

On serre les dents. On refuse que ces camarades – des centaines de milliers d'hommes – soient morts pour rien !

« Ne pensons qu'à venger nos morts ! »

Ce thème fait l'unanimité.

Il justifie la poursuite de la guerre.

Le général Gallieni, ministre de la Guerre, présentant le projet de loi qui autorise l'appel anticipé de la classe 17 – les recrues ont donc 19 ans en 1916 – déclare à la Chambre des députés :

« La France, il y a dix-huit mois, voulait la paix pour elle et pour les autres. Aujourd'hui elle veut la guerre. […] La grande lutte ne se terminera que lorsque la France, d'accord avec ses alliés, dira : "J'ai obtenu pleine satisfaction, je m'arrête et je reprends mon œuvre de paix !" »

Les députés debout acclament Gallieni.

« Il faut bannir le pessimisme qui déprime », martèle Viviani qu'Aristide Briand a remplacé à la présidence du Conseil. Les applaudissements redoublent comme pour chasser l'angoisse, le désespoir, cette « déprime » qu'a osé évoquer Viviani.

Et les députés, même si la plupart d'entre eux échappent au front à cause de leur âge, partagent les inquiétudes des citoyens. Des membres de leur famille sont exposés au feu. Et ceux des Français qui portent le deuil d'un proche ne peuvent accepter que leur sacrifice ait été consenti en vain.

Il faut donc continuer la guerre.

Et alors que les applaudissements cessent, on entend la voix de Clemenceau qui domine le brouhaha :

« Jusqu'au bout », rugit-il.

Des députés entourent Clemenceau, le félicitent, l'interrogent, se disent persuadés qu'il est le seul à pouvoir diriger le pays en guerre, alors que l'opinion commence à douter.

Le gouvernement répète que « nous gardons pieusement le culte des noms de ceux qui sont tombés ». Mais cela ne suffit pas.

Paul Deschanel, le président de la Chambre des députés, a même tenu à citer le nom des députés qui avaient perdu un parent, proche ou éloigné. En vain.

Clemenceau bougonne.

« Il ne suffit pas d'être des héros, dit-il, nous devons, nous voulons être des vainqueurs. J'ai écrit cela dans *L'Homme libre*, le 15 juillet 1914 ! »

On l'approuve. Il faut, dit-on, qu'il soit désigné comme président du Conseil.

Clemenceau s'éloigne, écartant les bras, lançant :

« Demandez donc à monsieur le président de la République ce qu'il en pense. »

Chacun sait que Poincaré et Clemenceau sont des rivaux irréductibles. Et Poincaré fera tout pour s'opposer à la désignation de Clemenceau à la présidence du Conseil.

Mais les critiques deviennent de plus en plus nombreuses. La guerre dure, dévore chaque jour des milliers d'hommes. Avec quel résultat ?

Les journaux, au début du mois de janvier 1916, titrent : « Les Allemands sont toujours à Noyon, à 80 kilomètres de Paris ».

On accuse le ministre de l'Intérieur Malvy – un adversaire de Clemenceau – de ne pas pourchasser les espions, les *embusqués*.

Sait-on que le ministre de la Guerre – le général Gallieni – reçoit chaque jour trois cents lettres de recommandation ! Son successeur, le général Roques, en huit mois de séjour au ministère, a dénombré quatre-vingt-dix mille lettres de recommandation émanant de parlementaires ! On murmure qu'il faudrait à la tête du gouvernement un homme expérimenté, à la poigne de fer, comme celle de Clemenceau. On rappelle que, ministre de l'Intérieur en 1906, Clemenceau a fait intervenir la troupe contre les grévistes, sans états d'âme. Voilà le chef qu'il faut à la France, entend-on ici et là.

Et d'autant plus que les Allemands paraissent, en ce début d'année 1916, se préparer à de grandes offensives.

Le général Erich von Falkenhayn, ministre de la Guerre, a été choisi par l'empereur Guillaume II comme successeur de von Moltke, au poste de chef d'état-major général.

Erich von Falkenhayn.

Les Allemands qui le côtoient témoignent qu'il est la personnification du calculateur froid et minutieux. « Les tableaux fantasques de bataille aux finesses artistiques lui sont étrangers. Il est l'homme des moyens. Son application, son endurance, son calme sont admirables. [...] Personne ne dira de lui qu'il a perdu les nerfs, s'il est survenu quelque événement qu'il n'a pas prévu. Il a quelque chose de commun avec tous les généraux prussiens : *la volonté de vaincre*[1]. »

Et Falkenhayn, comme Guillaume II, pense que pour vaincre il faut briser la *volonté de résister* des Français. Et pour cela frapper l'opinion française.

Le 29 janvier 1916, pour la première fois, un zeppelin bombarde Paris un peu avant 23 heures. Il a été signalé vers 21 h 20, mais il a pu atteindre la capitale et lâcher plusieurs chapelets de bombes.

Les dégâts sont importants dans le 20e arrondissement, notamment dans le quartier de Ménilmontant. On compte de nombreuses victimes, mais la population conserve son calme.

Les députés s'inquiètent. Où était l'aviation française ?

Certains parlementaires mettent en cause le fonctionnement du gouvernement, de l'état-major, du ministère de la Guerre.

Gallieni se défend mal :

« Je suis un novice à la tribune, vous me forcez à faire un métier qui n'est pas le mien. »

---

1. Werner Beumelburg, *La Guerre de 14-18 racontée par un Allemand, op. cit.*

Le 30 janvier 1916, le 86 de la rue de Ménilmontant à Paris,
après un raid de zeppelins.

Un jeune député – Abel Ferry – présente une motion qui illustre le souci des députés de surveiller les généraux.

« La Chambre, écrit Abel Ferry, invite le gouvernement à faire respecter l'exercice de son droit de contrôle sur toutes les forces nationales mobilisées. »

Le président du Conseil Aristide Briand fait rejeter la motion (320 voix contre 153), mais le problème des rapports entre la volonté de contrôle des députés et le refus de l'état-major de s'y soumettre demeure.

Joffre, fort de l'autorité que lui donne le fait d'avoir été, en septembre 1914, le « vainqueur de la Marne » prépare de grandes offensives sans se soucier d'en avertir le gouvernement.

Il compte écraser les Allemands sous le feu roulant de l'artillerie lourde, lançant des millions d'obus. Il compte aussi sur les offensives russes et italiennes qui fixeront les divisions allemandes en Russie et en Italie. Joffre dans la région de la Somme obtient l'action des troupes anglaises. Il laisse dire que la guerre peut être terminée en trois mois. Mais dans l'attente de cet assaut décisif, il multiplie les opérations de « grignotage ». Et ce sont des milliers d'hommes qui tombent inutilement. Des députés critiquent cette stratégie dévoreuse mais Joffre refuse d'en débattre.

Ses rapports sont de même difficiles avec le général Gallieni.

Le ministre de la Guerre s'inquiète que la région de Verdun – clé de voûte du front français – soit mal défendue. Que les forts qui en sont les points d'appui soient vulnérables, et que des renseignements rapportés par les patrouilles aériennes indiquent des concentrations de troupes allemandes qui semblent prêtes à passer à l'offensive.

Gallieni adresse un rapport à Joffre rassemblant ses critiques et ses remarques.

Et Joffre, commandant en chef, répond :

« J'estime que rien ne justifie les craintes que vous exprimez […]. J'ai besoin de la confiance entière du gouvernement. S'il me l'accorde, il ne peut ni encourager ni tolérer des pratiques qui diminuent l'autorité morale indispensable à l'exercice de mon commandement et faute de laquelle je ne pourrais continuer à en assumer la responsabilité. »

C'est à un véritable chantage à la démission que se livre Joffre.

Il sait bien que le gouvernement ne peut ouvrir une « crise » avec le commandant en chef. On laisse ainsi les mains libres à Joffre.

Et celui-ci ne tient pas compte des avertissements de Gallieni.

Les troupes françaises sont donc surprises, le 21 février, par l'attaque allemande à Verdun.

Falkenhayn veut « saigner » l'armée française, l'étouffer sous un tapis d'obus.

Le 25 février, le fort de Douaumont tombe aux mains des Allemands. Or c'est le pivot de la défense de Verdun.

Le 26, le général Philippe Pétain est appelé au commandement du secteur de Verdun.

Il va organiser la résistance des unités, dispersées, réduites à se battre sans connaître le déroulement de la bataille. Mais les fantassins s'accrochent au terrain. Les corps à corps opposent les adversaires dans ce champ de bataille crevé de milliers d'entonnoirs.

Pétain dégage la route Bar-le-Duc – Verdun, cette « voie sacrée » qu'empruntent les unités qu'on jette dans la fournaise. Des milliers de camions se suivent, apportant obus, munitions, nourriture.

Pétain impose la relève des unités éprouvées : cette « noria » réussit à atteindre la ligne de front. Mais où se situe-t-elle ?

Chaque fantassin est, se sent individuellement responsable du sort de la bataille. Cette terre lui appartient. Il la défend et ne recule pas. Verdun donne la mesure du patriotisme français.

Le 10 avril 1916, Pétain peut diffuser l'ordre du jour suivant :

Ordre général n° 94
« Le 9 avril est une journée glorieuse pour Nos Armes.
« Les assauts furieux des armées du Kronprinz ont été partout brisés : fantassins, artilleurs, sapeurs, aviateurs de la 2e armée ont rivalisé d'héroïsme.
« Honneur à tous !
« Les Allemands attaqueront sans doute encore !
« Que chacun travaille et veille pour obtenir le même succès qu'hier !
     « Courage !… On les aura !…
                                        « Philippe Pétain »

L'offensive qui va être lancée sur la Somme va contraindre les Allemands à desserrer leur étreinte à Verdun.

Ils ont certes saigné l'armée française, mais leurs pertes sont équivalentes !

Tel secteur de Verdun a reçu deux millions d'obus en quelques heures !

SIX CENT MILLE HOMMES SONT TOMBÉS dans cet affrontement (tués et blessés), mais écrasés, étouffés par les obus chargés de gaz et brûlés vifs par les obus au phosphore, qu'une croix verte distingue, les poilus n'ont pas cédé.

Est-ce le crépuscule des dieux ? s'interroge le capitaine Delvert, agrégé d'histoire, qui note ce qu'il vit et voit dans *Les Carnets d'un fantassin*.

Des blessés sur des brancards, à Verdun, en 1916.

« L'aspect de la tranchée est atroce. Partout des pierres sont ponctuées de gouttelettes rouges. Par places des mares de sang. Dans le boyau, des cadavres raidis couverts d'une toile de tente. Une plaie s'ouvre dans la cuisse de l'un d'eux. La chair déjà en putréfaction sous le grand soleil s'est boursouflée hors de l'étoffe et un essaim de grosses mouches bleues s'y presse.

« À droite, à gauche, le sol est jonché de débris sans nom. Boîtes de conserve vides, sacs éventrés, casques troués, fusils brisés, éclaboussés de sang. Une odeur insupportable empeste l'air. Pour comble, les Boches nous envoient quelques obus lacrymogènes qui achèvent de rendre l'air irrespirable. Et les lourds coups de marteau des obus ne cessent de frapper autour de nous…

« Il y a près de soixante-douze heures que je n'ai pas dormi. Les Boches attaquent à nouveau au petit jour (2 h 30). Nouvelle distribution de grenades !

« Hier on m'en a vidé vingt caisses. Il faut être plus modéré. Du calme, les enfants ! Laissez-les bien sortir ! On a besoin d'économiser la marchandise. À vingt-cinq pas ! Tapez-leur dans la gueule ! À mon commandement.

« Feu !

« Et allez donc !

« On voit les groupes boches tournoyer, s'abattre. Un, deux se lèvent sur les genoux et s'esquivent en rampant. Un autre se laisse rouler dans la tranchée tant il est pressé.

« Quelques-uns progressent cependant vers nous pendant que leurs camarades restés dans la tranchée et leurs mitrailleurs nous criblent de balles.

« En rampant, un Boche arrive même jusqu'à mon réseau Brun. Bamboula lui envoie une cuiller[1] en pleine tête[2]. »

Ce séjour en enfer, les Allemands le partagent.

Parfois pour échapper aux obus, des fantassins se jettent dans un entonnoir.

---

1. Grenade dont le déclenchement était commandé par une sorte de cuiller.

2. Texte cité par l'irremplaçable *Vie et mort des Français, 1914-1918*, par Ducasse, Meyer et Perreux, préface de Maurice Genevoix, Paris, Hachette, 1959.

Des hommes de l'autre camp sont déjà là, blottis eux aussi pour éviter les tirs de l'artillerie. On s'observe. On échange des regards. On ne va pas s'entretuer, dans ce trou ! On ne se parle pas, mais on échange une cigarette, des biscuits.

Puis le silence.

L'artillerie – française ? allemande ? – a cessé de pilonner ce secteur.

Alors, sans mot, sans tourner la tête, les rescapés de cet entonnoir le quittent, s'éloignent courbés en deux, regagnent ce qui reste de leur tranchée. Et souvent il n'y a plus de tranchée.

Les camarades ont été engloutis.

Werner Beumelburg décrit ce paysage : « Entonnoirs, nid de batteries, réseaux de fil de fer, abris effondrés.

« Au milieu de tout cela, des hommes aux capotes couvertes de boue et déchirées, avec des mitrailleuses, des grenades, des lance-mines, des fusils, des tentes et des ustensiles de campement. »

L'enfer de Verdun, les Français commencent à l'imaginer.

Et depuis le 21 février 1916, début de la bataille, l'angoisse s'est abattue sur la France.

Les milieux informés – parlementaires, officiers, journalistes et tous ceux qui gravitent autour des lieux de pouvoir – savent que le Haut Commandement français – Joffre donc – a été imprévoyant.

Le 7 mars, le général Gallieni lit en Conseil des ministres un mémoire confidentiel qui reprend le texte du rapport qu'il avait adressé à Joffre. Gallieni s'élève contre l'attitude du GQG qui a refusé de tenir compte des avertissements, sur l'insuffisance de la défense de

Verdun, sur le refus d'accepter les directives du gouvernement.

Gallieni en fait réclame le départ de Joffre. Le gouvernement ne l'envisage pas et c'est Gallieni qui, invoquant des raisons de santé, quitte le gouvernement et meurt le 27 mai 1916. Le général Roque, que Joffre et Briand apprécient, le remplace.

Devant les députés, Roque fait l'éloge « des qualités natives de notre race qui ne disparaissent pas chez un Français au moment précis où il reçoit des galons ou des étoiles […].

« Ce sont ces chefs qui rendent efficaces ces hommes admirables que sont nos soldats.

« C'est le rôle des chefs, des chefs à tous les degrés, d'encadrer et d'entraîner la troupe, et ce rôle-là lui aussi est bellement rempli. »

Les députés applaudissent.

Comment peut-on, après de tels propos, accepter la démission de Joffre et critiquer le Haut Commandement ?

Il se murmure pourtant que Clemenceau se serait écrié : « Il faut condamner à mort le commandant en chef », accusant Joffre d'imprévoyance et Pétain de défaitisme.

Mais la résistance héroïque de Verdun fait taire les critiques contre les généraux du Haut Commandement. Et la guerre continue.

Cependant en Allemagne comme en France, en Italie, dans l'Empire austro-hongrois et dans l'Empire russe, l'« union sacrée » qui a rassemblé les peuples autour de leurs gouvernants se fissure.

À Kienthal, dans l'Oberland bernois, une conférence socialiste-révolutionnaire à laquelle participent des socialistes minoritaires venus de tous les pays en guerre appelle à la paix et à la révolution.

Kienthal prolonge et amplifie le mouvement qui avait rassemblé les minoritaires socialistes à Zimmerwald, en 1915.

À Kienthal, la conférence adopte un manifeste dans lequel on lit :

« Malgré les hécatombes sur tous les fronts, pas de résultats décisifs. Pour faire seulement vaciller ces fronts, il faudrait que les gouvernements sacrifient des millions d'hommes. Ni vainqueurs ni vaincus, ou plutôt tous vaincus, tous épuisés, tel sera le bilan de cette folie guerrière. »

Et en conclusion, les participants réclament une paix « immédiate, sans annexion ni indemnités ».

En fait, à l'ouest comme à l'est, la guerre se déploie avec fureur.

Sur le front italien, les Austro-Hongrois font reculer les Italiens.

En Russie, l'offensive du général Broussilov, après quelques succès, s'arrête et se défait.

À Verdun, de nouvelles attaques allemandes réussissent à encercler puis à occuper les forts français.

Le général Nivelle – qui a remplacé Pétain, promu commandant des armées du centre – adresse une proclamation à ses troupes :

« Les Allemands lancent sur notre front des attaques furieuses dans l'espoir d'arriver aux portes de Verdun… Vous ne les laisserez pas passer, camarades ! »

Sur le front de la Somme, le 15 septembre 1916, apparaissent les premiers chars blindés, les tanks, l'arme-surprise des Britanniques. Les Français, engagés dans la bataille, comptent 140 000 tués et 210 000 blessés !

Tank britannique sur le terrain, lors de la bataille de la Somme en 1916.

Et les résultats de cette offensive sont négligeables !

Le sang, une fois de plus, a coulé à flots. En vain.

Dès lors les députés interpellent le président du Conseil, Briand.

Pierre Forgeot, de la gauche démocratique, lance :

« Il faut, en temps de guerre, juger sur les résultats. M. le président du Conseil a eu le temps de faire ses preuves ; les résultats le condamnent, ils sont accablants. »

Il conclut :

« À la tête du gouvernement comme à la tête des armées, il faut des chefs. Nous n'en avons pas ! Trouvons-en ! »

En Allemagne, au vu des résultats de l'assaut contre Verdun – le fort de Douaumont a été repris par les Français le 24 octobre 1916 – Guillaume II relève Falkenhayn de ses fonctions de chef de l'état-major général et le remplace par le général Hindenburg, Ludendorff devenant auprès de Guillaume II quartier-maître général.

Hindenburg, Guillaume II et Erich Ludendorff font le point sur la situation en 1916.

À Paris, on s'interroge. Que faire de Joffre ? Il a présenté sa démission.

Le nouveau ministre de la Guerre, le général Lyautey, suggère de l'élever à la dignité de maréchal de France et de lui confier une mission aux États-Unis.

La « disgrâce » est ainsi masquée et, le 26 décembre 1916, Lyautey salue le maréchal Joffre qui « par deux fois, sur la Marne et sur l'Yser, a victorieusement arrêté la marche foudroyante des armées ennemies ».

Une phase de la guerre se termine.

En novembre, l'Empereur-Roi, François-Joseph, vient de mourir, à Vienne, à l'âge de 84 ans.

Le dernier portrait de François-Joseph et celui du nouvel empereur Charles dans *Le Miroir* du 3 décembre 1916.

Son petit-neveu, l'archiduc Charles qui lui a succédé, désire la paix, tant son trône lui paraît instable.

Le 12 décembre 1916, une note germano-autrichienne, transmise par les puissances neutres, États-Unis, Espagne et Suisse, suggère l'ouverture de pourparlers de paix à Paris, Londres et Petrograd.

Briand à la tribune de la Chambre des députés les rejette, comme le font Anglais et Russes.

« Ces propositions, dit Briand, cherchent à troubler

les consciences. [...] Allemands, vous fûtes agresseurs. Quoi que vous disiez les faits sont là qui vous le crient.

« Le sang est sur vos têtes et non sur les nôtres.

« La République ne fera pas moins aujourd'hui que jadis, dans de pareilles circonstances, avait fait la Convention ! »

CHAPITRE 5

1917

Russie, États-Unis : la Révolution, la guerre

Le président du Conseil, Aristide Briand, peut invoquer la Convention nationale et la République de l'an II, car en ce début de l'an 1917, la IIIe République n'est pas plus économe du sang des citoyens que ne l'était le Comité de salut public, qui jetait dans la fournaise de la guerre des centaines de milliers de sans-culottes.

Le général Lyautey, ministre de la Guerre, déclare à la Chambre des députés :

« Tout ce qui est en état d'aller au front doit y être. »

Cela rappelle la « levée en masse » révolutionnaire.

Et l'Assemblée vote un projet de loi qui soumet à un nouvel examen d'une commission de réforme les hommes exemptés ou réformés d'avant la mobilisation du 2 août 1914. Ils ont la cinquantaine.

Des députés présentent des amendements exonérant de l'examen les pères de quatre enfants et les veufs, pères de trois enfants. D'autres amendements proposent de démobiliser les 147 000 agriculteurs de 47 ans et plus.

Refus du gouvernement.

Les exemptés et réformés concernés représentent un effectif de 300 000 à 400 000 hommes ! Le coût d'une grande offensive !

Lyautey est à nouveau à la tribune :

« Le général en chef, moi-même et le gouvernement ne peuvent accepter pareilles responsabilités, dit-il. Et vous, messieurs, les yeux fixés sur les mêmes buts et les mêmes espoirs, ne voudrez pas les prendre. »

Par 338 voix contre 60, le projet de loi est adopté.

Chacun le pressent : l'avenir est à l'intensification de la guerre et non à la paix. Quand le président des États-Unis Wilson adresse une note dans laquelle il demande aux belligérants de faire connaître les conditions auxquelles ils accepteraient d'arrêter les hostilités, aucun gouvernement ne lui répond clairement.

La guerre n'admet qu'une issue : la victoire de l'un ou l'autre camp ! Il faut donc jouer le tout pour le tout.

Le 9 janvier 1917, l'empereur Guillaume II à l'issue d'une conférence rassemblant généraux et amiraux prussiens signe la note suivante :

« J'ordonne de commencer, le 1er février 1917, la guerre sous-marine sans restriction et avec la plus grande énergie. »

Le 31 janvier, le secret est levé et le gouvernement allemand déclare en état de blocus la totalité des eaux britanniques, la moitié ouest de la mer du Nord et de l'Atlantique depuis les îles Féroé jusqu'à l'Espagne.

Les Allemands savent qu'ils prennent le risque de pousser les États-Unis à entrer dans la guerre, mais ils estiment qu'il faudra dix-huit mois avant qu'une armée américaine puisse intervenir dans le conflit. Et d'ici là le blocus aura contraint la Grande-Bretagne, privée de ressources, à capituler :

« Nous aurons au mois d'août la paix victorieuse », affirme Guillaume II.

En même temps, Hindenburg et Ludendorff organisent sur le front ouest le repli de leurs forces terrestres sur une profondeur de 15 à 40 kilomètres. Ils détruisent les villages, les forêts sur ce territoire compris entre Vimy et Reims.

Si les Français lancent une offensive, ils ne rencontreront que le vide et buteront sur des positions fortifiées allemandes, imprenables. Averti par des reconnaissances aériennes, le GQG français ne comprend pas les raisons de ce repli. Le général Nivelle, qui a conçu le projet d'une vaste offensive dans ce secteur, maintient ses plans.

Le général Nivelle.

Mais en ce printemps 1917, ne pas voir que la guerre change de visage, c'est se condamner à l'échec.

La Russie est ainsi entrée en révolution.

« Du pain et la paix », crient les manifestants qui parcourent les rues de Petrograd.

Des « Soviets » – assemblées d'ouvriers et de soldats – se constituent, créent un pouvoir de fait, qui délie les soldats de toute obéissance aux officiers.

L'Empire russe est renversé.

Un socialiste, Kerensky, à la tête du gouvernement, proclame que la Russie restera fidèle à ses alliances. Qui peut le croire alors que l'armée russe se défait, les soldats quittant leurs unités, se rangeant derrière les Soviets ? Ceux-ci réclament la cessation immédiate des hostilités, l'ouverture de négociations avec l'Allemagne.

Guillaume II s'y montre favorable.

Si la Russie des Soviets met fin à la guerre, les troupes allemandes pourront être envoyées sur le front français et le percer en quelques jours.

Berlin décide donc de favoriser le retour en Russie des « bolcheviques » qui sont réfugiés en Suisse.

Lénine et ses camarades quittent dans des wagons « plombés » leur exil helvétique et traversent l'Allemagne.

Le 16 avril, Lénine et ses camarades arrivent à Petrograd et, aussitôt, Lénine formule ses « Thèses d'avril » : les bolcheviques doivent s'emparer du pouvoir et conclure la paix avec l'Allemagne.

Coup de tonnerre, au moment même où le gouvernement français doit faire face à de vives critiques.

La Chambre des députés a commencé d'examiner la situation de l'aviation. Un député met en cause la qualité des appareils « avec lesquels, dit-il, on peut seulement mourir quand on est aviateur ».

Le général Lyautey, ministre de la Guerre, conteste, refuse de répondre aux questions des députés et ajoute :

« Même en Comité secret, je ne l'aurais pas fait, je considère en pleine responsabilité que ç'aurait été exposer la défense nationale à des risques. »

Tumulte dans l'hémicycle.

« On continue de nier l'action parlementaire », lance un député.

Le président de la Chambre, Deschanel, veut rétablir le calme :

« Je vous supplie, messieurs, au nom de la France [vifs applaudissements à gauche, au centre et à droite], je vous supplie au nom de ceux qui se battent ; au nom de ceux qui versent leur sang, en ce moment, de faire silence… »

Des députés scandent : « Vive la République ! » L'un d'eux crie : « Le régime du sabre a vécu. »

Lyautey présente aussitôt sa démission qui entraîne celle du gouvernement. Alexandre Ribot devient président du Conseil, et le député – et grand scientifique – Paul Painlevé, ministre de la Guerre.

Le gouvernement, approuvé à l'unanimité des 440 votants – on compte une centaine d'abstentions, on est loin de l'union sacrée ! – déclare qu'il a la volonté de poursuivre la guerre jusqu'à la victoire, « non comme nos ennemis dans un esprit de domination et de conquête, mais avec le ferme dessein de recouvrer les provinces qui nous ont été autrefois arrachées, d'obtenir les réparations et les garanties qui nous sont dues et de proposer une paix durable fondée sur le respect des droits et la liberté des peuples ».

Ce discours, alors que la guerre est déjà une vieille sorcière, qui dure depuis près de trois ans, que des centaines de milliers de jeunes hommes ont été tués, ne soulève plus l'enthousiasme de l'opinion.

Le fatalisme semble l'emporter.

Mais, tout à coup, l'entrée en guerre des États-Unis bouleverse la donne.

Wilson rêvait à la paix, mais les sous-marins allemands torpillent le cargo américain *Vigilentia* le 19 mars.

Wilson découvre aussi que l'ambassade allemande à Mexico incite le Mexique à agresser les États-Unis.

Le 6 avril, le Congrès des États-Unis vote l'ouverture des hostilités avec l'Allemagne.

À Paris, les discours enthousiastes déferlent.

Dans *L'Homme enchaîné*, Clemenceau, le 1er février 1917, critiquant les hésitations de Wilson, avait écrit, commentant le déclenchement de la guerre sous-marine à outrance :

« Au moment où il était en train de refaire l'Europe dans le moule de son pacifisme sans tenir compte des siècles d'histoire, M. Wilson au plus beau de sa prédication d'idéalisme a reçu de nos Boches un violent coup de poing entre les deux yeux. »

CHAPITRE 6

1917

« J'attendrai les Américains
et les chars d'assaut »

Ce « coup de poing » que « nos Boches » ont donné à Wilson « entre les deux yeux » a eu le mérite de faire basculer les États-Unis dans la guerre. Et Clemenceau dès lors devient l'allié inconditionnel du président des États-Unis.

Mais en ce début d'année 1917, Clemenceau craint que les politiciens français ne soient tentés d'écouter les propositions de paix que présente le prince Sixte de Bourbon-Parme, officier belge et donc un allié, mais aussi frère de l'impératrice d'Autriche et reine de Hongrie, Zita, épouse de l'empereur Charles qui connaît les faiblesses de son Empire austro-hongrois.

Le prince Sixte de Bourbon-Parme a même remis au président de la République une lettre autographe de l'empereur Charles qui contient une phrase capitale :

« J'appuierai par tous les moyens les justes revendications françaises relatives à l'Alsace-Lorraine. »

Lloyd George, le Premier ministre britannique, tenu informé, s'écrie :

« C'est la paix ! »

Faut-il dès lors continuer à envoyer à la mort des centaines de milliers de jeunes hommes ?

Portrait de Lloyd George.

Ces tentatives de paix n'aboutiront pas. Mais Clemenceau s'inquiète.

« Je me suis couché à 8 heures, dit-il. Je me suis réveillé à minuit. Je me suis retourné dans mon lit pendant une heure... Pas moyen de me rendormir. »

Il confie à son secrétaire :

« Dans la région d'Arras il y a un général qui est fou ! Ce qui s'appelle fou ! Il jette ses gens sur l'ennemi sans préparation d'artillerie ! On lui a demandé : pourquoi faites-vous ça ? Réponse : ça entretient le moral de la troupe !... Ce que je voudrais être mort ! Comme on doit être bien dans le néant ! Pas de Millerand ! Pas de Viviani ! »

Lors de ses visites sur le front en première ligne, des officiers racontent à Clemenceau que, par une convention tacite, on respecte d'une tranchée française à une tranchée allemande – séparées parfois par moins de

86

trente mètres ! – une sorte de trêve. On ne tire pas sur les hommes de corvée qui transportent à découvert la « soupe ».

Clemenceau s'indigne, grimpe sur un talus, lance des injures aux Boches. On doit l'agripper, le forcer à descendre.

Il s'enfonce jusqu'aux genoux dans la terre de Champagne, qui crayeuse devient une sorte de soupe épaisse et blanchâtre qui rend toute marche difficile.

Mais il faut se battre, vaincre et Clemenceau fustige ceux qui à l'état-major, dans les milieux politiques, sont, en dépit de leurs déclarations, tentés par l'idée qu'on pourrait arrêter cette boucherie. Et il se heurte ainsi à Joseph Caillaux, l'homme qui, avant 1914, a souhaité un accord avec l'Allemagne, à Malvy, le ministre de l'Intérieur, à ces journalistes dont Clemenceau soupçonne que « nos Boches financent les journaux où ils écrivent ».

Louis Malvy.

Clemenceau et, la plupart des hommes politiques décidés à continuer la guerre écoutent avec d'autant plus d'attention les propos du général Nivelle qui a remplacé Joffre et affirme :

« Nous romprons le front allemand quand nous voudrons, à condition de faire l'opération par surprise. »

Nivelle, apprenant que les forces allemandes ont reculé de 15 à 40 kilomètres et qu'elles seront difficiles à surprendre, ne modifie pas ses plans.

« C'est par la marche en avant brusquée de toutes nos forces disponibles et par la conquête rapide des points les plus sensibles pour le ravitaillement des armées ennemies que nous devons chercher leur désorganisation complète. »

Nivelle est si sûr de lui qu'il annonce même qu'il dormira à Laon, le soir de l'offensive.

Les quatre commandants français de groupes d'armée ne partagent pas l'optimisme de Nivelle. Ils le font savoir au ministre de la Guerre Painlevé. Mais en présence de Painlevé ces généraux deviennent évasifs. À l'exception de Pétain.

Les ministres cèdent. Ils laissent la liberté d'action au généralissime. Le déclenchement de l'attaque principale est fixé au 16 avril 1917.

Entre l'Oise, la montagne de Reims et le Chemin des Dames.

Aucun effet de surprise !

Sur la crête du Chemin des Dames, les troupes françaises ne dépassent pas la première position allemande. Dans le secteur de Craonne on atteint la deuxième ligne allemande mais les pertes sont considérables et, au bout de trois jours d'un massacre inutile, l'ordre est donné – le 19 avril – d'arrêter les opérations.

Soixante mille tués pour les seuls Français !

Nivelle s'obstine, déclenche sur le Chemin des Dames et de part et d'autre de Reims une série d'attaques entre le 30 avril et le 5 mai.

À nouveau des milliers de morts !

Le 15 mai, à la demande de Paul Painlevé, le Conseil des ministres destitue Nivelle et le remplace par Pétain, auquel le général Foch succède comme chef d'état-major général et conseiller militaire du gouvernement.

Le général Pétain, en une seule phrase, énonce la stratégie qu'il compte mettre en œuvre :

« J'attendrai les Américains et les chars d'assaut. »

CHAPITRE 7

1917

« Nous vivons des heures tragiques »

Ce « J'attendrai », prononcé en mai 1917 par le général Pétain, nouveau commandant en chef, est l'écho de l'état d'esprit du pays.

Des régiments refusent de monter en première ligne. Dans les usines d'armement, ouvriers et ouvrières se mettent en grève, au cri de « À bas la guerre ! ». On veut en finir avec ces offensives meurtrières qui se terminent par un retour aux tranchées d'où l'on s'était élancé, la peur au ventre, sachant qu'on allait être fauché par les mitrailleuses allemandes.

Des unités entières se rebellent.
C'est le temps des mutineries. On crie aux officiers : « Permissions, croix de guerre » parce qu'on veut retrouver son foyer, avec épinglée sur sa vareuse la décoration qui rappelle l'héroïsme dont on a fait preuve.

À l'arrière, on proteste contre la cherté et la rareté des produits.
Les 200 000 syndiqués de la Fédération des métaux, en grève, rêvent de l'Internationale des travailleurs, des révolutionnaires.

« Nous saurons, s'il le faut, disent-ils, nous dresser pour nous unir à nos camarades de Russie et d'Allemagne dans une action internationale contre la guerre de conquête. »

Les ouvrières vont à la rencontre des grévistes et crient : « Nous voulons la paix, à bas la guerre ! »

Mais le plus préoccupant pour le gouvernement et le Haut Commandement, ce sont les mutineries.

Les soldats bombardent de pierres les voitures des officiers. Des milliers d'hommes envahissent les gares, réclament des permissions, s'en prennent aux gendarmes.

Et les actes de désobéissance se multiplient.

Un député socialiste, Pierre Laval, lit à la tribune de la Chambre des députés une lettre reçue du front.

Elle est datée du 29 mai 1917.

« *Pierre Laval* – Je me permets de vous signaler quelques menus faits qui pourraient prendre une gravité exceptionnelle, écrit mon correspondant. Depuis hier matin, la moitié de l'effectif des trois régiments qui composent la 5e division, le 36e, le 74e, le 129e d'infanterie, est en rébellion ouverte. La 6e division semble incliner vers la révolte, l'artillerie du 3e corps manifeste également, tout travail a cessé…

« *Le Ministre de la Guerre* – Déplorable lecture !

« *Pierre Laval* – Le corps d'armée a refusé de monter aux tranchées et ni les paroles ni les pleurs du colonel, du général Lebrun, commandant le 3e corps, n'ont pu décider les poilus à obéir à aucun ordre. Le corps d'armée n'a pas pris les tranchées de première ligne, depuis le 15 février. Pourtant les permissionnaires attendent, depuis cinq mois et cinq mois et demi, par la faute du commandement. La nourriture est insuffisante. Le commandement a ouvert tout récemment à ce sujet une enquête, et l'intendance a falsifié les chiffres pour s'en tirer.

« Je tiens personnellement des preuves, me dit mon correspondant, à votre disposition. Notre commandant de corps d'armée a, par une guerre stupide aux képis, aux cravates, aux imperméables, et, par d'incroyables et excessifs exercices, pendant la période de repos, fatigué les hommes.

« Les poilus sont las d'être menés à l'offensive par des incapables, sur lesquels ne pèse aucune responsabilité. [Applaudissements sur les bancs du parti socialiste et sur divers bancs à gauche.]

« Les armes sont sous la surveillance des mitrailleurs et ne peuvent leur être ravies. J'ai entendu le chef de bataillon, qui commande provisoirement notre régiment, dire : "C'est là le plus mauvais jour de ma carrière, et pourtant ces hommes-là ont raison." Que va-t-il advenir ? Le commandement est impuissant, nos officiers se taisent et l'exaspération grandit. Pouvez-vous, pour éviter un désastre, intervenir ? Il serait grand temps. Le ministre est certainement au courant. Je vous donne ma parole que tous les faits ci-dessus sont rigoureusement exacts. »

Le ministre de la Guerre, Paul Painlevé, monte à son tour à la tribune et ne conteste pas les faits rapportés par Laval.

D'une voix sourde, pleine d'émotion, il dit, détachant chaque mot :

« En ce moment, nous vivons des heures tragiques, des heures aussi graves que celles que nous avons connues le 4 août 1914. Le 4 août 1914, la Chambre, dans un élan unanime, s'est dressée contre l'impérialisme déchaîné et, de cette unité, la défense nationale a reçu un élan sans égal. Les heures que nous vivons aujourd'hui sont aussi graves que celles-là ; mais si graves qu'elles soient, quelles que soient les épreuves que nous ayons à traverser, nous les traverserons victorieusement et nous arriverons à la *pax* française, à une paix digne de la France, digne de son héroïsme, digne de ses sacrifices, à une condition, c'est que ni le moral du pays ni le moral de l'armée ne soient atteints. » [Applaudissements à gauche, au centre et à droite. – Interruptions et bruits sur les bancs du parti socialiste.]

Painlevé se trompe : ils sont déjà atteints.

Ouvriers grévistes, soldats mutins, même s'ils ne représentent pas la majorité, témoignent de la crise qui secoue l'opinion.

L'union sacrée est mise en cause même si elle continue à tenir le pays rassemblé.

Mais une forte minorité de députés socialistes réclame « la paix immédiate sans annexion ».

Malvy, ministre de l'Intérieur, se refuse à réprimer ces manifestations. Il ne censure pas les journaux qui, comme *Le Bonnet rouge* – qu'anime une personnalité équivoque, Almeyreda –, diffusent cette propagande pacifiste.

Joseph Caillaux et même Briand sont en contact avec des émissaires allemands ou austro-hongrois.

Et il y a une « tourbe » d'informateurs (d'espions ?) qui reçoivent des fonds dont la provenance est douteuse.

Une danseuse, Mata Hari, est arrêtée pour espionnage. Elle sera condamnée à mort et exécutée.

Mata Hari.

Clemenceau multiplie les mises en garde :

« Il y a eu des crimes, des crimes contre la France qui appellent un prompt châtiment, déclare-t-il. Vous croyiez donc que vous alliez être en guerre pendant trois ans avec l'Allemagne sans qu'elle tentât d'espionner chez nous !... Aujourd'hui, une partie du voile est déchirée... »

Et de fait, en quelques semaines, la situation change.

Pétain, par une politique habile – répression dure mais limitée, permissions, amélioration des conditions de vie de la troupe –, reprend l'armée en main. Les mutineries cessent à la fin juin.

Dans les milieux politiques et journalistiques, les attaques de Clemenceau contraignent Malvy à démissionner, bientôt suivi par le président du Conseil – Ribot sera remplacé par Painlevé.

Mais c'est un gouvernement affaibli, cependant que Clemenceau apparaît de plus en plus comme le chef qui s'impose.

Il campe l'homme d'État décidé à agir.

« Oui, la paix, martèle-t-il, mais dans la fierté du droit, dans la sécurité des garanties contre un retour offensif des férocités primitives. […] Au-delà, rien que le silence de l'action. »

Clemenceau, en dépit de l'hostilité que lui voue le président de la République, montre qu'il est candidat à la présidence du Conseil.

« Aurons-nous ou n'aurons-nous pas un gouvernement ? Là est la crise, la véritable crise, crise de caractère, crise de volonté, écrit-il. Depuis trois ans, nous en attendons l'issue… Brassez, brassez bien vite vos dosages de groupes et d'influences, messeigneurs du parlementarisme officiel ! »

La situation est grave.

Les Italiens viennent de subir un désastre à Caporetto. Et quatre divisions françaises et quatre anglaises vont les aider à colmater la brèche, à empêcher les Austro-Hongrois d'occuper Venise et d'envahir la Vénétie et la Lombardie, cœurs économiques de l'Italie.

En Russie, les bolcheviques de Lénine prennent le pouvoir à Petrograd.

Les succès remportés par l'offensive française, lancée le 23 octobre et qui réussit après trois jours de combat à s'emparer de la crête du Chemin des Dames, effacent le désastre de l'offensive Nivelle du 16 avril mais ne changent pas la donne.

La question est politique : Clemenceau sera-t-il appelé par Poincaré pour diriger le gouvernement ?

Par avance les socialistes condamnent cette hypothèse :

« Le choix de Clemenceau serait un défi pour la classe ouvrière et un danger pour la "défense nationale" », proclament-ils.

Mais de toutes parts on réclame Clemenceau.

Et celui-ci, le 15 novembre 1917, publie dans son journal un éditorial intitulé « On demande un gouvernement ».

« Il y a enfin une opinion publique en France en dehors de la censure et des comités secrets, écrit-il. L'heure est venue de gouverner *au grand jour* car c'est la condition première du régime républicain.

« Notre peuple stoïque n'accepte plus qu'on lui bourre le crâne.

« Le gouvernement sera une équipe de travailleurs pour travailler. D'où cette devise : *Le Grand Jour et le Franc-Jeu* ».

DEUXIÈME PARTIE

1918-1920

CHAPITRE 8

1917

« Le Grand Jour et le Franc-Jeu »

13 novembre 1917.

Le gouvernement de Paul Painlevé est mis en minorité.

C'est la première fois depuis août 1914 qu'un gouvernement est renversé.

Les députés socialistes acclament Painlevé, crient : « À bas Clemenceau ! Vive la République ! »

Le député Franklin Bouillon, reçu par le président de la République, évoque avec lui le succès des bolcheviques à Petrograd, à Moscou, et la volonté de Lénine de négocier avec l'Allemagne, de faire la paix à n'importe quelles conditions, et conclut :

« Un ministère Clemenceau, c'est la guerre civile. »

« Clemenceau me paraît désigné par l'opinion publique, rétorque Poincaré, parce qu'il veut aller jusqu'au bout dans la guerre et dans les affaires judiciaires ; je n'ai pas le droit dans ces conditions de l'écarter seulement à cause de son attitude envers moi. Et puis il faut choisir entre Caillaux et Clemenceau. Mon choix est fait. »

Le 14 novembre, Poincaré reçoit Clemenceau. Il ne s'agit que de « consulter » le président des deux commissions sénatoriales, Armée et Affaires étrangères.

Mais Clemenceau, qui sait bien que Poincaré veut le jauger, confie :

« Je veux avoir une majorité, je l'aurai ; si ce n'est pas de gauche, ce sera de droite… Et pourtant je suis un vieux jacobin ! »

« Il est engraissé, note Poincaré dans son *Journal*. Sa surdité a augmenté. L'intelligence est intacte. Mais sa santé ? Sa volonté ? Je sens de plus en plus le péril de l'aventure. Mais le diable d'homme a pour lui l'opinion des patriotes et si je ne l'appelle pas, sa force légendaire fera la faiblesse d'un autre cabinet. En tout cas la conversation fut très cordiale : il croit qu'il faut mener la guerre de manière à attendre les Américains et à ne pas s'user d'ici à leur arrivée… Je ne lui fais aucune offre, mais je lui dis que je pourrais avoir à m'entretenir de nouveau avec lui… »

Le lendemain 15 novembre, un attaché militaire à la présidence de la République annonce à Clemenceau que le président Poincaré l'attend à 15 heures. Clemenceau, « un peu essoufflé et fort enrhumé mais plein d'allant et de bonne humeur », entre dans le bureau de Poincaré, à l'heure dite.

Poincaré lui annonce qu'il lui confie la présidence du Conseil des ministères. Il précise : « Je vous dirai tout ce que je saurai et tout ce que je penserai. Je vous donnerai mes avis librement. Vous déciderez ensuite sous votre responsabilité. »

À quoi répond Clemenceau :

« Je ne prendrai aucune décision sans venir causer avec vous. »

Georges Clemenceau.

Clemenceau constitue en quelques heures son gouvernement : quatorze ministres et neuf sous-secrétaires d'État. On dénombre neuf ministres radicaux-socialistes, un républicain socialiste et deux ministres républicains de gauche.

Les socialistes ont décidé de ne pas voter en faveur du gouvernement. Les grands quotidiens modérés ou de droite – *L'Écho de Paris, Le Gaulois, Le Figaro* – soutiennent le gouvernement. Et chacun sait que ce gouvernement se résume à un seul nom : Clemenceau.

Le 20 novembre 1917, le Tigre monte à la tribune

de la Chambre des députés. Il va lire d'une voix forte et tranchante la déclaration ministérielle.

On sait que Clemenceau n'est pas homme à dissimuler ses intentions.

Pour lui, et pour la France, le moment est venu du « Grand Jour et du Franc-Jeu ».

« Messieurs,

« Nous avons accepté d'être au gouvernement pour conduire la guerre, avec un redoublement d'efforts, en vue du meilleur rendement de toutes les énergies.

« Nous nous présentons devant vous, dans l'unique pensée d'une guerre intégrale. Nous voudrions que la confiance, dont nous vous demandons le témoignage, fût un acte de confiance en vous-mêmes, un appel aux vertus historiques qui nous ont faits français. Jamais la France ne sentit si clairement le besoin de vivre et de grandir dans l'idéal d'une force mise au service de la conscience humaine, dans la résolution de fixer toujours plus de droit entre les citoyens, comme entre les peuples capables de se libérer. Vaincre pour être justes, voilà le mot d'ordre de tous nos gouvernements, depuis le début de la guerre. Ce programme à ciel ouvert, nous le maintiendrons.

« Nous avons de grands soldats d'une grande histoire, sous des chefs trempés dans les épreuves, animés aux suprêmes dévouements, qui firent le beau renom de leurs aînés. […]

« Ces Français que nous fûmes contraints de jeter dans la bataille, ils ont des droits sur nous. Ils veulent qu'aucune de nos pensées ne se détourne d'eux, qu'aucun de nos actes ne leur soit étranger. Nous leur devons tout, sans aucune réserve. Tout, pour la France saignante, dans sa gloire, tout, pour l'apothéose du droit triomphant. Un seul devoir, et simple : demeurer avec le soldat, vivre, souffrir, combattre avec lui. Abdiquer tout ce qui n'est pas de la patrie. L'heure nous est venue d'être uniquement français, avec la fierté de nous dire que cela suffit. Droits du front et devoirs de l'arrière, qu'aujourd'hui tout soit donc confondu. Que tout soit zone de l'armée. […]

« Champ clos des idéaux, notre France a souffert pour tout ce qui est de l'homme. […] La force de l'âme française est là. C'est ce qui meut notre peuple au travail comme à l'action de guerre. […]

« Il y a eu des fautes. N'y songeons plus que pour les réparer.

« Hélas ! Il y a eu aussi des crimes, des crimes contre la France, qui appellent un prompt châtiment. Nous prenons devant vous, devant le pays qui demande justice, l'engagement que justice sera faite, selon la rigueur des lois. Ni considérations de personnes ni entraînements de passions politiques ne nous détourneront du devoir, ni ne nous le feront dépasser. Trop d'attentats se sont déjà soldés, sur notre front de bataille, par un surplus de sang français. Faiblesse serait complicité. Nous serons sans faiblesse, comme sans violence. Tous les inculpés en conseil de guerre. Le soldat au prétoire, solidaire du soldat au combat. Plus de campagnes pacifistes, plus de menées allemandes. Ni trahison ni demi-trahison : la guerre. Rien que la guerre. Nos armées ne seront pas prises entre deux feux. La justice passe. Le pays connaîtra qu'il est défendu. »

Clemenceau s'interrompt, reprend son souffle.

« Un jour, de Paris au plus humble village, des rafales d'acclamations accueilleront nos étendards vainqueurs, tordus dans le sang, dans les larmes, déchirés des obus, magnifique apparition de nos grands morts.

Ce jour-là, le plus beau de notre race, après tant d'autres, il est en notre pouvoir de le faire. Pour les résolutions sans retour, nous vous demandons, messieurs, le sceau de votre volonté. »

Clemenceau reste agrippé à la tribune de la Chambre, cependant que des applaudissements scandés, prolongés, résonnent dans l'hémicycle.

Dans les couloirs, des députés répondent aux journalistes. Les soutiens de Clemenceau reprennent les propos du Tigre.

Il a affirmé sa volonté de vaincre, « vaincre pour être justes »… « Que tout soit à l'armée… » « Ces Français que nous fûmes contraints de jeter dans la bataille, ils ont des droits sur nous… »

On s'enthousiasme pour la vision de la victoire à venir qui a terminé le discours… « magnifique apparition de nos grands morts. Ce jour-là, le plus beau de notre race »…

Les députés socialistes refusent de se laisser porter par ce lyrisme.

Ils s'apprêtent à refuser leurs voix à Clemenceau.

Et ils vont expliquer pourquoi, dans le débat qui s'engage et auquel participera Georges Clemenceau.

Puis on votera.

CHAPITRE 9

1917

« Vaincre pour être justes »

Clemenceau écoute, assis au premier rang de l'hémicycle, à la place réservée au président du Conseil.

Il a les yeux mi-clos, les longs cils broussailleux cachant les paupières.

Les orateurs socialistes évoquent les trois années 1906-1909, quand Clemenceau, chef du gouvernement, « premier flic de France », brisait les grèves, attaquait les socialistes.

Les plus modérés des orateurs socialistes lui répètent :

« Quant à notre confiance, elle vous viendra dans la mesure où vous aurez su agir. »

Clemenceau se penche vers son voisin le sénateur Jules Jeanneney. Celui-ci a accepté le poste de sous-secrétaire d'État à la Guerre, jouant donc le rôle d'adjoint du président du Conseil. Clemenceau lui murmure :

« La vie est une lutte. J'ai beaucoup lutté contre d'autres, il est naturel qu'on lutte contre moi. »

Il sait qu'on attend de lui qu'il conduise la guerre, au moment où la situation militaire peut devenir aussi périlleuse qu'en août-septembre 1914.

Mais on veut aussi qu'il prenne parti contre le ministre Malvy et Joseph Caillaux accusés de trahison.

Et il est vrai que ces deux hommes incarnent une autre politique, non répressive en ce qui concerne Malvy, ouverte sur l'idée de négociations avec l'ennemi pour ce qui est de Caillaux.

Clemenceau a l'intention de laisser la justice agir, traduire Malvy en Haute Cour en accusant l'ancien ministre de trahison. Et Caillaux peut être poursuivi au même motif.

Clemenceau, pendant que les orateurs évoquent les responsabilités de ces deux éminentes personnalités politiques, chuchote :

« La vérité, vous l'aurez ! »

Quant à sa ligne politique générale, il sait comment il va la définir :

« Un seul but : maintenir le moral du peuple français à travers une crise qui est la pire de son histoire [...]. Ma politique étrangère et ma politique intérieure, c'est tout un. Politique intérieure : je fais la guerre. Politique extérieure : je fais la guerre, je fais toujours la guerre. »

Mais il ne veut pas s'abaisser à juger Malvy ou Caillaux.

La commission parlementaire réunie pour savoir si – comme Malvy en a fait la demande – l'ancien ministre de l'Intérieur doit être traduit en Haute Cour l'a décidé. Elle a retenu deux motifs « énormes ». D'une part Malvy aurait renseigné l'ennemi sur l'attaque du Chemin des Dames, et d'autre part il aurait provoqué les mutineries militaires !

Les deux accusations sont si démesurées que les partisans de Malvy estiment qu'elles conduisent à innocenter Malvy, quant aux adversaires de l'ancien ministre de l'Intérieur, ils espèrent qu'elles laisseront des taches indélébiles.

Clemenceau bougonne :

« Est-ce que j'ai à m'occuper de l'inculpation de tel ou tel personnage ? Ce n'est pas mon affaire. Si je le faisais, je serais indigne d'être à cette tribune, à quelque titre que ce fût. »

Quand Clemenceau monte à la tribune de la Chambre, il n'hésite pas, ses réponses sont prêtes, il peut entrer dans le cœur du sujet.

« Je n'ai pas recherché le pouvoir, dit-il. Je n'ai pas courtisé les puissances. Me voilà ici. Pourquoi ? Parce qu'il y a des heures terribles où ceux qui, dans les épreuves, se trouvent avoir au cœur une profondeur d'amour de leur patrie, qu'ils ne soupçonnaient peut-être pas eux-mêmes, sentent le devoir, coûte que coûte, de parler au pays, de montrer les fautes qui peuvent être commises, et de les signaler, à leurs risques et périls.

« Je ne ferai pas de promesses vaines.

« La question s'est récemment posée de savoir si on ferait rentrer, dans leurs foyers, les mobilisés des plus vieilles classes.

« Je pense qu'il n'est pas possible, en ce moment, de les retirer de leurs postes.

« Vous pourrez me faire beaucoup de reproches, mais il y en a un que vous ne ferez pas, c'est celui de vous avoir trompés, de vous avoir menti. »

Quand un député l'interroge sur ses buts de guerre, il lève les bras, poings fermés. Ne les a-t-il pas déjà énoncés ?

« Quand vous me demandez mes buts de guerre, je réponds : mon but, c'est d'être vainqueur. »

On l'applaudit longuement.

L'ordre du jour de confiance est voté par 418 voix contre 65 sur 483 votants, 25 socialistes se sont abstenus.

CHAPITRE 10

1917

« Je ne connais rien de supérieur à
la nécessité des faits »

Après la proclamation des résultats du vote de confiance, Clemenceau quitte l'hémicycle, son lorgnon encore fiché dans l'orbite, le buste penché en avant.

Il donne ainsi l'impression de gravir en force une pente raide, sans s'essouffler.

Les poilus qui ont vu sauter cet homme de 76 ans dans une tranchée, gravir un talus, en devançant les officiers qui l'accompagnent, ont tous ressenti l'énergie exceptionnelle qui émane de cet homme – ce « vieillard sanguinaire », diront ses ennemis, ainsi Paul Morand.

En fait Clemenceau, conscient de l'ampleur de la tâche qu'il doit affronter, veille à maîtriser son emploi du temps.

Il rentre tous les jours déjeuner chez lui, en famille.

Il se couche vers 23 heures, après avoir vu les quelques collaborateurs dévoués qui forment autour de lui un cercle restreint.

Levé tôt, Clemenceau consacre plus d'une heure à une séance de gymnastique sous la conduite d'un professeur.

Puis commence la journée.

Il reçoit des parlementaires, les ministres (un Conseil hebdomadaire des ministres les rassemble). Il est en contact permanent avec Foch ou Pétain. Il fait le point avec le général Mordacq, Georges Mandel et Jeanneney, ses collaborateurs les plus proches.

Les généraux Pétain et Foch.

Il se rend à l'Élysée fréquemment.

« Il vient me faire son rapport, écrit Poincaré. Il reste avec moi un peu plus d'une demi-heure, passe en revue toutes les questions avec une grande volubilité et un non moins grand désordre. À plusieurs reprises il perd le fil de ses idées… Il parle aussi très vite, touchant à tout, ne me demandant mon avis sur rien et ne me laissant pas placer un mot. Il s'acquitte en somme aussi aimablement que possible de ce qu'il considère comme un devoir officiel… pour me renseigner mais non pour me consulter. »

Poincaré ne se trompe pas.

Pour Clemenceau, le président de la République est aussi inutile qu'une… prostate. Et dans sa conception des institutions, il juge qu'on peut donc en faire l'ablation !

Il est partisan d'un « régime d'Assemblée ». Ce qui suppose que le président du Conseil doit, à chaque choix important, obtenir une majorité. En décembre 1917, Clemenceau peut compter sur le soutien des députés.

« Moi, dit-il, qui me suis toujours moqué de la popularité, je me trouve par hasard avoir l'opinion pour moi. Il me faut maintenant agir. »

Mais dans quel sens ?

« Je ne connais rien de supérieur, dit-il, à la nécessité des faits. »

Une fois qu'ils sont établis, « il faut agir comme on respire ». Et pour Clemenceau, quelles que soient les difficultés – la capitulation de l'allié roumain, la défection de l'allié russe –, « je continue de faire la guerre et je continuerai jusqu'au dernier quart d'heure ! ».

« Mon état d'esprit est d'une grande simplicité, explique-t-il. J'ai eu mes heures d'idéologie, et je ne suis point du tout en disposition de les regretter. J'ai dû rectifier beaucoup de jugements dans le laborieux empirisme d'une magnifique doctrine mise à l'épreuve des faits au cours de quarante années et je crois y avoir gagné une expérience de doute, sans trop perdre de l'enthousiasme pour l'idée. »

Sa personnalité, façonnée par l'expérience et ancrée dans un caractère résolu et une volonté sans faille, s'impose.

Sans hésitation il approuve l'arrestation de Joseph Caillaux, considéré comme le tenant d'une politique qui veut mettre fin à la guerre, ouvrir des pourparlers avec Berlin et Vienne.

Caillaux, en dépit de sa notoriété et de son influence, est incarcéré à la Santé puis transféré dans une maison de repos à Neuilly.

Caillaux n'est pas un « traître », mais il prône une autre politique. Cela suffit à l'exclure du jeu.

Quant aux « vrais traîtres » – Mata Hari en est l'emblème –, ils sont arrêtés, condamnés à mort et exécutés.

Clemenceau, qui a été ministre de l'Intérieur en 1906, veille à l'ordre public, aux mouvements sociaux. Il prend des dispositions pour prévenir et contenir l'agitation ouvrière dont il comprend qu'elle regarde vers la Russie de Lénine et le pouvoir des Soviets.

Elle espère en une paix immédiate annonçant la révolution communiste.

À Brest-Litovsk, les bolcheviques se plient aux exigences allemandes : à ce prix, la paix est signée… et les unités allemandes peuvent abandonner le front est et basculer vers le front français.

Clemenceau ordonne le maintien, dans les zones industrielles de Paris, Orléans, Tours, Rouen, et Saint-Étienne de quatre divisions de cavalerie pour surveiller ces concentrations ouvrières.

Clemenceau mate ainsi l'« opposition », prévient les dangers d'une contamination « pacifiste » et « révolutionnaire ».

Il fait face aux socialistes :

« La classe ouvrière n'est pas votre propriété, messieurs… », leur lance-t-il.

Quant au déversement des armées allemandes sur le front français, il martèle qu'il ne prendra aucune mesure de libération des plus vieux enrôlés, paysans pour la plupart.

« Si le front a besoin de l'arrière, répète-t-il, il faudra que ceux de l'arrière – et ils seront les premiers à le demander – en reprennent le chemin. J'ai dit ! »

En face de Clemenceau, on se tait. On s'incline devant son autorité. « Les civils tiennent ! »

Le 21 décembre 1917, Clemenceau revient sur son premier mois de gouvernement.

« Je ne crains pas, dit-il, mes responsabilités. Vous m'accorderez bien que je n'ai pas sollicité un portefeuille de M. Poincaré. Le jour où il m'a fait appeler, j'étais déshonoré si j'avais refusé de prendre le pouvoir. […] J'essaie de conduire la guerre […]. Croyez-vous que ce soit un bon état d'esprit pour les poilus, connaissant les choses vaguement, mais les sentant tout de même, de penser que, pendant qu'ils se battent, il y a derrière eux des gens qui les trahissent ? Tout excepté cela ! […]

« Le premier de tous les devoirs, c'est de soumettre tous les citoyens, sénateurs et députés, à la justice et aux lois… »

CHAPITRE 11

1918

Le bouquet des poilus

Les citoyens dont tout dépend, ce sont les « poilus »,
ces hommes, ces paysans issus des profondeurs de la
nation, qui subissent depuis le mois d'août 14 l'enfer
du feu.

C'est à eux que pense Clemenceau. C'est par rapport
à eux qu'il juge telle ou telle initiative.

Quand, le 8 janvier 1918, le président Wilson présente dans un message au Congrès des États-Unis un
plan en quatorze points, l'ébauche en somme d'un traité
de paix – quand elle aura lieu ! – dont la clé de voûte
serait une Société des Nations, Clemenceau est réticent.

« Je ne crois pas que la Société des Nations soit la
conclusion naturelle de la guerre actuelle, déclare-t-il.
Je vais vous dire mes raisons. C'est que si demain vous
me proposiez de faire entrer l'Allemagne dans la
Société des Nations, je n'y consentirais pas. Car quelles
garanties pourriez-vous m'offrir ? La garantie d'une
signature ? Allez demander aux Belges ce qu'ils pen-
sent de la signature de l'Allemagne… C'est pourquoi
vous êtes toujours obligés de commencer par dire :
"L'Allemagne brisera elle-même le militarisme prussien !" »

Clemenceau craint aussi les réactions des poilus.

« Pendant, dit-il, que les uns se battent et se font tuer, le bruit se répandra dans les tranchées que les délégués de telles ou telles nations, de tels ou tels partis se sont rencontrés pour aboutir à la paix, qu'il y a des transactions qui se préparent, puis ensuite qu'il y a un recul, que décidément il faudra encore patauger dans la boue et dans le sang, pendant un nombre de mois que nous ne connaissons pas. »

Clemenceau a levé le bras, les poings serrés, et il s'écrie :

« Cela, c'est l'art de désarmer un peuple ! »

Or Clemenceau et les généraux en chef – Foch, Pétain – savent que la défection de la Russie permet aux Allemands de concentrer l'essentiel de leurs forces sur le front ouest.

Ils y alignent 192 divisions d'infanterie, et les Alliés 172 (l'armée française compte sur le front ouest 2 800 000 combattants).

Le général Pétain estime dans ces conditions qu'il ne faut tenter aucune opération d'envergure avant 1919 : cette année-là, il y aura sur le sol français une armée américaine de 2 millions d'hommes !

Le général Foch au contraire estime qu'il faut, dès 1918, livrer la « bataille pour vaincre ».

Clemenceau est hésitant, partagé entre son caractère offensif et sa raison prudente, entre Foch et Pétain.

Et cependant il veut « agir comme on respire », alors il se rend sur le front, pour connaître la réalité de la guerre, et prendre contact avec les poilus.

Le premier de ces déplacements a lieu le 18 janvier 1918.

« C'était la première fois que les poilus voyaient M. Clemenceau dans les tranchées en tant que chef du gouvernement, raconte un témoin. Ils lui firent fête à tel point que le Président, en présence de la joie de ces braves gens, se promit bien, toutes les fois qu'il aurait quelques moments de liberté, de venir les passer parmi eux. »

Georges Clemenceau visite les premières lignes en 1918. Cette photo a été publiée dans *Le Miroir* du 26 mai 1918.

Il se rend ainsi près de la frontière suisse, à moins de deux cents mètres des lignes allemandes. Il va jusqu'aux sentinelles françaises, enthousiastes de le voir là, osant se mettre en danger.

Lors d'une autre visite, debout sur un tertre, il crie aux Allemands d'une voix exaltée :

« Ah ! mes gaillards ! Attendez un peu ! On va vous avoir ! Oui, oui, on vous aura ! »

Là, des tirailleurs algériens lui offrent une tasse de thé, un beignet.

En Champagne, il gravit les pentes crayeuses.

« Des têtes hirsutes, poudrées à frimas par les soins de la terre champenoise, surgirent fantastiquement d'invisibles trous de mitrailleuse, raconte-t-il. Faces muettes, les unes impassibles, d'autres au sourire grave [...] qui font mine de s'aligner pour le salut militaire, tandis que le chef s'avance, d'une voix saccadée : "Première compagnie, 2ᵉ bataillon, 3ᵉ régiment." Voilà ! Et la rude main présente un petit bouquet de fleurs crayeuses, augustes de misère et flamboyantes de volonté. »

Ces mêmes fleurs, desséchées, Clemenceau veut qu'elles soient le jour venu placées dans son cercueil.

CHAPITRE 12

1918

« Il faut tenir, tenir, durer, durer »

Les visites de Clemenceau aux poilus, en ces premières semaines de l'an 1918, les anecdotes que l'on rapporte, les injures que Clemenceau lance aux Allemands depuis les tranchées françaises – « Salauds, cochons, on vous aura à la fin ! » – tressent autour du président du Conseil une légende. Les « grands » journaux – Clemenceau voit leurs directeurs chaque jour ! – l'amplifient.

« Clemenceau est l'un de ces hommes pour lesquels on accepte de se faire tuer », lit-on.

Et cependant le pays n'est pas unanime.

Certes on reconnaît le courage du président du Conseil, sa volonté de vaincre – et pour cela il faut tenir jusqu'au « dernier quart d'heure » – mais au prix de combien de morts, de combien de sacrifices ?

On répète ce quatrain :

« Déjà drapé dans son linceul
Clemenceau dit : "Je fais la guerre"
Hélas pleure un humanitaire
C'est qu'il ne la fait pas tout seul. »

Car la guerre continue de tuer et non plus seulement sur le front, mais à Paris même.

On n'a pas cédé à la peur quand les zeppelins, les avions *Taube* sont venus bombarder Paris. Peu de victimes, peu de dégâts.

Le chasseur-bombardier allemand *Gotha*.

Mais voici qu'en mars apparaissent les *Gotha*. Ces avions triplans aux ailes étroites surgissent par dizaines, volant en escadrille, lâchant leurs bombes sans chercher à atteindre un objectif sinon la population parisienne, qu'on espère terroriser. Les *Gotha* harcèlent la capitale. Les alertes se succèdent, les victimes sont nombreuses et les destructions importantes.

Les Parisiens s'inquiètent, certains commencent à quitter la ville.

On imagine que ces attaques aériennes sont le prélude d'une grande offensive allemande. Et chacun pense à août 14 ! À la bataille de la Marne. Ça ne finira donc jamais !

Le 21 mars 1918, l'offensive allemande de grande ampleur que l'on redoutait commence.

Libérées de la menace russe – la paix a été signée il y a trois semaines à Brest-Litovsk entre les Bolcheviques et les Allemands –, 65 divisions d'infanterie allemandes attaquent les positions britanniques sur un front de soixante kilomètres de la Scarpe à l'Oise.

Les Anglais – commandés par le général Haig – sont surpris par ce déferlement.

Sir Douglas Haig et Paul Painlevé.

Les fantassins allemands sont aguerris par plus de trois années de combat. Le front, l'assaut, la contre-attaque constituent l'univers de ces hommes « silencieux, sales, déshabitués de toute joie » (Werner Beumelburg).

Ils avancent, franchissent les tranchées anglaises écrasées sous le bombardement des obus, dont certains sont chargés de gaz toxiques. Les Anglais reculent, réclament à Pétain l'envoi de renforts. Mais Pétain se refuse à aller au-delà de six divisions, même s'il en promet une vingtaine.

Pétain veut protéger Paris, menacé comme en 1914.
Le 24 mars au matin, Clemenceau annonce à Poincaré que le gouvernement va peut-être être obligé de quitter la capitale.
« Nous sommes à la veille d'un effondrement », répète d'une voix angoissée Sir Henry Wilson, chef de l'état-major impérial. Mais Pétain ne cède pas.

Clemenceau juge Pétain sévèrement et propose aux Anglais, le 26 mars, lors d'une réunion à la mairie de Doullens, alors que l'on entend les explosions des obus allemands, que Foch qui fait preuve de sang-froid soit nommé général en chef des forces alliées.
« Il ne faut pas reculer, dit Foch, c'est un principe à asseoir, à faire connaître, à appliquer coûte que coûte. »
Le général Haig est favorable à la nomination de Foch et, sur un coin de table, Clemenceau rédige le communiqué qui crée l'unité de commandement :
« Le général Foch est chargé par les gouvernements britannique et français de coordonner l'action des armées alliées sur le front ouest. Il s'entendra à cet effet avec les généraux en chef qui sont invités à lui fournir tous les renseignements nécessaires. »
Foch voit successivement tous les généraux et à chacun d'eux il ordonne avec énergie :
« Il n'y a plus un mètre à perdre… On doit arrêter l'ennemi là où il est… Pas de recul, pas de relèves… Il faut tenir, tenir, durer, durer. »

Jamais les Allemands n'ont été aussi près de Paris. La capitale est ainsi bombardée par un canon – la « grosse Bertha »… du prénom, assure-t-on, de la fille des marchands de canons d'Essen, Krupp.

La « grosse Bertha ».

Le canon d'une portée de 120 kilomètres est tapi dans la forêt de Saint-Gobain sous un abri de plusieurs mètres de béton.

Le premier tir sur Paris a lieu le 23 mars.

Le 28 mars, vendredi saint, l'église Saint-Gervais est atteinte de plein fouet, et l'on dénombre 90 morts.

Poincaré et Clemenceau se rendent ensemble à l'église Saint-Gervais pour s'incliner devant les victimes.

Leur présence, leur détermination rassurent la population. L'exode ne touche qu'une minorité. Et, en dépit des bombardements, le calme règne à Paris.

Sur le front, la résistance des unités franco-britanniques stoppe l'avance allemande.

Elle est certes d'une profondeur de 60 kilomètres – et fait 90 000 prisonniers – mais elle s'épuise. Et une seconde offensive lancée le 8 avril progresse, mais elle n'entraîne pas la déroute. Le front se stabilise.

Foch a montré toutes ses qualités, et Clemenceau peut tracer un portrait sans concession de Pétain.

Le président du Conseil est désormais persuadé d'avoir fait le bon choix.

« Pétain n'a pas d'idées, il n'a pas de cœur, dit Clemenceau. Il est toujours sombre sur les événements, sévère sans rémission dans ses jugements sur ses camarades et sur ses subordonnés. Sa valeur militaire est loin d'être exceptionnelle. Il a dans l'action une certaine timidité, un certain manque de cran. Mais il a su se pencher sur le sort de sa troupe, il a compris la mentalité du soldat. Il a été loyal vis-à-vis de moi. Il a été correct dans ses rapports avec ses alliés. Il a de bonnes manières, de civil plus que de général. Il n'aime guère les intrigues et sait se faire obéir. Il prend ses précautions et reste attentif aux détails.

« C'est un administrateur plus qu'un chef.

« À d'autres l'imagination et la fougue.

« Il est bien à sa place si au-dessus de lui se trouvent les hommes pour décider en cas grave. »

Le 16 mai 1918, le général Foch reçoit le titre de « général en chef des armées alliées ».

Le 7 août 1918, il sera élevé à la dignité de maréchal de France.

CHAPITRE 13

1918

« C'est le front qui a besoin de l'arrière »

À la fin du printemps 1918, les offensives allemandes ont été stoppées... mais à 60 kilomètres de Paris !

Le commandement allié a été unifié, mais le maréchal Foch manque d'hommes.

Et au gouvernement comme au GQG, on estime que les Allemands vont lancer de nouvelles attaques.

L'empereur Guillaume et les généraux Hindenburg et Ludendorff n'ont pas renoncé à briser la résistance de l'armée française.

Et celle des Français.

Il faut terroriser la population et à Paris la *grosse Bertha* s'y essaie.

Des enfants qui sortent d'une école rue des Gravilliers sont décimés. Les tirs de nuit viennent s'ajouter aux bombardements de jour. Station de métro soufflée, entrepôts et magasins incendiés sont des plaies béantes.

Dans la première semaine d'avril, on dénombre 150 morts.

La presse allemande – *Deutsche Tages Zeitung, Berliner Tageblatt* – écrit :

« Dès 7 heures du matin, les obus tombent sur tous les quartiers les plus variés de la capitale. La plupart des habitants se sont enfuis. Les rares Parisiens qui n'ont pu trouver de place dans les trains sont en proie à la panique et ils attendent en tremblant l'arrivée des conquérants allemands [...]. »

« Les Parisiens vivent comme des troglodytes et osent à peine se montrer en plein jour... Les déserteurs, pour la plupart des gens de sac et de corde, par dizaines de milliers vagabondent dans Paris. »

Les dégâts avenue de la Grande-Armée causés par les bombardements de la *grosse Bertha*.

Ces articles sont mensongers.

La Gazette de Lausanne en appelle au témoignage des 30 000 Suisses qui habitent Paris. On peut y lire :

« Les représentations théâtrales continuent, les tramways, les camions, les autos roulent comme jadis et la circulation sur les boulevards est la même actuellement, ce 7 mai 1918, qu'il y a un mois. Pas la moindre panique, pas le moindre affolement... »

Clemenceau se soucie peu de la propagande allemande qui ne trompe que les « Boches ».

Mais Clemenceau veille à l'état d'esprit des directeurs de journaux parisiens.

La défection de la Russie, leur explique-t-il, a été payée par l'Allemagne 30 millions de roubles à Lénine et à Trotski. Les divisions austro-allemandes disponibles ont attaqué ce printemps et avancé. Nous les avons arrêtées. Mais il y aura d'autres offensives pour nous contraindre à solliciter la paix avant que l'armée américaine soit devenue assez nombreuse sur notre sol pour intervenir utilement dans les derniers mois de 1918. Cette année 1918 sera encore dure à passer, nous manquons d'hommes. Les restrictions alimentaires s'imposeront.

Il tient aux députés qui rechignent à la mobilisation de classes d'hommes âgés le même discours de vérité.

« Je prends les faits comme ils se déroulent, dit-il. Je n'ai pas de théories à faire. Vous me demandez d'attendre que les Alliés aient fourni leur part ? Je n'ai pas le temps d'attendre ! La Russie, le peuple russe ont déserté leur devoir devant l'Alliance ! Je n'en suis pas comptable, je dois faire face aux conséquences de cette défection ; et c'est quand des divisions allemandes arrivent du front russe sur notre front que vous me chicanez sur quelques centaines d'hommes dont j'ai besoin ?

« C'est le front qui a besoin de l'arrière ! » conclut-il.

Mais la « question russe » a bien d'autres conséquences. Elle ne pose pas qu'un problème d'effectifs.

Les événements de Russie, la prise du pouvoir par les Soviets de Lénine et Trotski fascinent les militants ouvriers.

Des grèves éclatent au printemps 1918 dans les usines d'armement des régions de Paris, Lyon et Saint-Étienne.

On y évoque les perspectives révolutionnaires, la « dictature du prolétariat ».

Clemenceau se méfie de certains. Il craint la contagion. Il voudrait que les Japonais, qui viennent de débarquer à Vladivostok, s'enfoncent en Sibérie à la rencontre des « blancs » qui résistent aux rouges. Churchill l'approuve, mais le président Wilson est réticent.

Une petite force franco-britannique est cependant maintenue à Mourmansk.

Clemenceau est attentif aux renseignements qu'elle recueille et transmet.

Les Allemands ont retrouvé les buts des chevaliers Teutoniques. Ils cherchent à contrôler toutes les côtes de la mer Baltique, les États baltes.

Au centre et au sud, ils ambitionnent d'occuper l'Ukraine et encouragent Vienne à placer sur le trône d'une Pologne libérée des Russes un Habsbourg.

L'accord entre Vienne et Berlin est total.

Et dès lors Clemenceau, appuyé par les Anglais et les Américains, vise à faire éclater l'Empire austro-hongrois, et fait appel aux Polonais, aux Tchèques, aux Slovaques, aux Croates pour qu'ils se débarrassent de la tutelle des Habsbourg.

Des « légions » tchèques, polonaises sont constituées.

Clemenceau, qui a toujours considéré que l'Empire austro-hongrois – clérical – était l'adversaire de la France depuis toujours, proclame que la victoire de l'Entente conduira à la dislocation de l'Empire des Habsbourg.

La République française aura ainsi libéré les nationalités opprimées !

Il reste à vaincre !

CHAPITRE 14

1918

« La victoire dépend de nous »

Vaincre !

C'est aussi l'obsession des généraux Hindenburg et Ludendorff.

Ils adressent un rapport à l'empereur : l'Allemagne est épuisée. Les territoires conquis en Ukraine n'ont pas livré les récoltes espérées. La population subit de strictes restrictions. Les soldats eux-mêmes sont mal nourris.

Les jeunes appelés âgés de 18 ans ne sont pas aguerris. Des unités ont manifesté leur mécontentement. Les marins de l'escadre ont, à Kiel, ébauché une révolte, sensibles qu'ils sont à la propagande révolutionnaire des bolcheviques.

Il faut donc vaincre, mais vite, avant le milieu de l'été 1918, avant que les divisions américaines ne viennent renforcer les Français et les Anglais.

Le 26 mai 1918, des soldats allemands qui viennent d'être capturés annoncent aux officiers français qui les interrogent que dans la nuit suivante une courte préparation d'artillerie, commencée à 1 heure du matin, précédera le déclenchement d'une nouvelle offensive, qui se déploiera vers le Chemin des Dames.

Depuis plusieurs mois, ce secteur est calme, défendu par huit divisions françaises et trois anglaises placées là, au repos.

Pétain alerte aussitôt Foch et envisage, si l'offensive allemande remporte des succès, de prescrire une retraite générale, qui implique le départ du gouvernement de Paris.

Foch refuse d'envisager cette hypothèse.

Mais, comme prévu, le 27 mai 1918, trente divisions allemandes appartenant au groupe d'armée du Kronprinz se lancent à l'attaque à 3 h 40 du matin.

Les troupes françaises reculent, abandonnent le Chemin des Dames. Surpris de cette progression rapide, les Allemands atteignent l'Aisne et la Vesles.

« Ces Boches, ces Boches », maugrée Clemenceau quand on lui annonce que les troupes allemandes sont entrées dans Soissons et continuent de gagner du terrain, s'infiltrant dans la forêt de Villers-Cotterêts, occupant Château-Thierry.

Les avant-gardes allemandes sont à moins de 60 kilomètres de Paris. Cinquante mille Français ont été faits prisonniers et 600 canons pris.

Mais ce succès spectaculaire n'entraîne pas la rupture du front français. Le 4 juin 1918, les Allemands suspendent leur offensive. Le 9 juin, les troupes allemandes repartent à l'attaque en direction de Compiègne mais sont bloquées par une contre-attaque, et, le 11 juin, Hindenburg arrête les opérations.

Les Allemands ont progressé de 60 kilomètres, mais ils ont toujours en face d'eux des unités structurées et combatives.

La panique n'a pas submergé Paris, même si, comme en août 1914, le *Grand Livre des comptes* de l'État, les valeurs de la Banque de France, des établissements de crédit, et les richesses des musées nationaux ont été évacués dans les départements du sud de la France.

Et Paris est replacé dans la zone des armées, pour la première fois depuis 1915.

Pourtant ni panique ni exode. L'arrivée des Américains qui défilent en masses compactes achève de consolider le moral des populations, même si leur intervention dans la guerre ne sera décisive qu'à partir de l'automne 1918. Commandés par le général Pershing, ils débarquent – à partir de mai 1918 – à raison de 280 000 hommes chaque mois.

Mais à la Chambre des députés, les débats sont vifs.

Clemenceau fait face aux critiques socialistes qui demandent l'ouverture d'un grand débat sur les opérations militaires et dont certains orateurs exigent le départ de Foch et Pétain.

Clemenceau est offensif, interpellant les socialistes.

« Attendiez-vous de ce million d'hommes qui revenaient du front oriental au front occidental autre chose que la canonnade, que le coup de massue, le formidable coup de tête de bélier, qui est donné en ce moment contre nos lignes ! s'exclame-t-il. Certainement non !

« Et c'est à cela que je songeais quand je parlais d'heures cruelles à traverser ! »

Il demande qu'on lui laisse le crédit de temps nécessaire pour s'expliquer sur la situation militaire.

« Nos soldats sont engagés dans une bataille terrible, reprend-il. Ils se sont battus à un contre cinq sans dormir pendant trois et quatre jours. »

Ces soldats, ces grands soldats, ont des chefs dignes d'eux !

« Pas tous, pas tous », lance un député socialiste.

Clemenceau se cabre, sa voix se durcit, mordante, implacable. Il n'accepte pas que l'on exige de lui qu'il condamne tel ou tel chef militaire.

« Chassez-moi de la tribune si vous me demandez cela, car je ne le ferai pas. »

Il hausse le ton, agrippe le pupitre, martèle chaque mot.

« J'affirme, dit-il, et il faut que ce soit ma dernière parole, que la victoire dépend de nous, à condition que les pouvoirs civils s'élèvent à la hauteur de leurs devoirs parce qu'il n'y a pas besoin de faire cette recommandation aux soldats.

« Ceux qui sont tombés ne sont pas tombés en vain, parce qu'ils ont grandi l'histoire française.

« Il reste aux vivants à parachever l'œuvre magnifique des morts. »

CHAPITRE 15

1918

« Le moment est venu de passer
à l'offensive »

« L'œuvre magnifique des morts » qu'invoque Clemenceau est celle des poilus. Ils ont depuis 1914, en offrant leur vie, « grandi l'histoire de France ».

Ils ont brisé les offensives allemandes, sur la Marne, à Verdun, dans la Somme, en Champagne, dans tous les lieux convoités par l'ennemi.

En ce printemps 1918, ils ont stoppé les divisions allemandes qui, le 21 mars et le 27 mai, se sont une fois encore lancées à l'assaut. Les poilus n'ont pas cédé.

Et les Allemands n'ont pas renoncé, Clemenceau et Foch en sont persuadés. Les Boches vont recommencer.

Paris est bombardé, et l'on entend chaque jour, et souvent la nuit, le son du canon qui semble ponctuer les ambitions allemandes. Vaincre la résistance française, conquérir Paris.

Mais ni Poincaré, ni Foch, ni Clemenceau n'ont envisagé de quitter la capitale ou de rendre les armes.

En juin 1918, à la Chambre, Clemenceau déclare :

« Je me battrai devant Paris, je me battrai à Paris, je me battrai derrière Paris. »

Cette énergie, cette volonté se diffusent dans le pays.

Le maréchal Foch photographié à son quartier général.

Les pertes françaises sont lourdes, près de 200 000 hommes sont tombés, morts ou blessés gravement dans ces premiers mois de 1918, alors que les Allemands ont à nouveau atteint la Marne, et continuent de bombarder Reims et Paris.

Mais les poilus ont un moral qui surprend leurs officiers.

Lorsqu'un commandant de compagnie – Pierrefeu – lit le communiqué du GQG qui supprime toutes les permissions, il s'attend à des murmures furieux ou consternés et, ajoute-t-il, « je fus surpris d'entendre

seulement des réflexions dans le genre de celle-ci :
"Après tout il a raison le vieux... Il n'en sait pas tellement plus que nous... Il fait bien de ne rien promettre... Ça dépend des Boches et de nous autant que de lui[1]..." »

Et cela dépend des Américains.

Ils sont là. On croise leurs longues colonnes de camions sur les routes vers Coulommiers et Meaux. On assure qu'ils sont déjà plus de 1 million, et qu'ils continuent à débarquer.

Ils sont tête nue, ils chantent, raconte Pierrefeu.

« Le spectacle de cette magnifique jeunesse d'outremer, de ces enfants de 20 ans tout rasés, éclatants de force et de santé sous le harnachement neuf, produit un effet prodigieux. Ils font avec nos régiments, aux vêtements défraîchis, usés par tant d'années de guerre, dont les hommes amaigris, aux yeux creux illuminés d'un feu sombre, ne sont plus que des paquets de nerfs tendus par une volonté d'héroïsme et de sacrifice, un contraste saisissant. Tous ont l'impression qu'on va assister à l'opération magique de la transfusion du sang[2]. »

Ces Américains, dont la présence convainc les Français que la guerre ne peut plus être perdue, hantent les responsables allemands.

Devant le Reichstag, le secrétaire d'État aux Affaires étrangères, Kühlmann, propose de négocier une paix qui reconnaîtrait les conquêtes allemandes dans l'est de l'Europe, et rétablirait à l'ouest la situation d'avant la guerre. Il n'évoque pas le sort de l'Alsace et de la

---

1. Jean Pierrefeu, cité dans *Vie et mort des Français, 1914-1918*, *op. cit.*
2. *Ibid.*

Lorraine, mais c'est encore trop pour le grand état-major qui ne peut renoncer à un protectorat sur la Belgique.

Kühlmann est congédié par l'empereur et remplacé par un homme du grand état-major.

Hindenburg et Ludendorff veulent, avant d'en être réduits à accepter une défaite ou une paix blanche, tenter une « ruée pour la paix victorieuse », le *Friedensturm*. Il s'agirait de détruire l'armée britannique et, par une attaque dans la région de Reims, d'atteindre la Marne et d'immobiliser l'armée française.

Le 14 juillet 1918, à 8 heures du soir, un coup de main permet de capturer 27 soldats allemands qui, interrogés, révèlent qu'une attaque allemande sera lancée dans la nuit du 14 au 15 juillet. La préparation d'artillerie commencera à minuit.

Guillaume II assistera d'un observatoire – une haute tour en bois construite dans ce but – à la bataille dont dépend le sort de son Empire.

Foch décide aussitôt de devancer l'artillerie allemande et d'ouvrir un tir de contre-préparation d'artillerie.

L'ennemi sera averti ainsi que l'effet de surprise ne jouera pas en sa faveur.

Mais Hindenburg maintient ses ordres.

Les Allemands attaquent de 4 h 15 du matin à 5 h 30 sur un front de 90 kilomètres de Château-Thierry à Messiges.

La vague allemande déferle, atteint la Marne, avance dans les Monts de Champagne.

Georges Clemenceau et le général Pétain.

Mais les troupes françaises passent à la contre-offensive et après trois journées sanglantes, le 17 juillet 1918, Hindenburg et Ludendorff jugent la partie perdue.

Ordre est donné aux troupes qui ont franchi la Marne de se replier.

Foch constate : « L'armée allemande sur son terrain d'attaque est réduite à l'impuissance. »

Le 18 juillet, le GQG dresse un premier bilan des contre-offensives françaises : 30 000 prisonniers, 600 canons, 3 000 mitrailleuses et 200 lance-mines pris à l'ennemi.

Foch, dans un *Mémoire* qu'il va remettre à Clemenceau, écrit :

« Le moment est venu de quitter l'attitude générale défensive, imposée jusqu'ici par l'infériorité numérique, et de passer à l'offensive. »

Il ajoute : « En arrière des armées, du côté allié, la puissante réserve de forces de l'Amérique déverse chaque mois 250 000 hommes sur le sol de France. »

Il souligne la supériorité des Alliés en avions, en chars d'assaut, et bientôt l'arrivée de l'artillerie américaine donnera la supériorité dans ce domaine décisif.

Pétain avait en mars exprimé son pessimisme.

« Imaginez-vous, raconte Clemenceau à Poincaré, qu'il m'a dit cette phrase : "Les Allemands battront les Anglais en rase campagne. Après quoi ils nous battront aussi…" »

Clemenceau est indigné.

Mais, après les succès de juillet, Pétain trouve le ton juste quand il dit : « Désormais l'armée française a rompu le charme. »

Le général Mangin, qui a conduit à partir de la forêt de Villers-Cotterêts une contre-offensive victorieuse renforcée par plusieurs centaines de petits chars d'assaut Renault, déclare dans un ordre du jour à la 10ᵉ armée :

« Vous avez éloigné de Paris une trop présomptueuse menace et vous avez rendu à la France le sentiment de la Victoire.

« Vous avez bien mérité de la patrie. »

Le baron von Schoen, ambassadeur allemand à Paris.
Le général Mangin (à droite) et son ordonnance Baba (à gauche).

CHAPITRE 16

1918

« Nul n'a le droit de faire répandre
une goutte de sang de plus »

Foch relit les ordres du jour que les différents généraux ont adressés à leurs troupes en cette fin du mois
de juillet 1918.

Jamais, depuis août 1914, il n'a ressenti un tel allant,
une telle certitude de vaincre, partagés par les chefs et
leurs troupes.

Foch n'est pas homme à se laisser griser.

Il se souvient du général Nivelle, des milliers de
morts que ses offensives aventureuses ont provoquées.

Foch ne veut pas s'engager à dire – à promettre –
que la victoire des Alliés est possible avant la fin de
l'année 1918.

Il préfère la considérer comme probable en 1919. Et
naturellement le prudent, le pessimiste Pétain ajoute « à
la fin de l'année 1919 ».

Foch, qui a réuni à son quartier général Pétain, le
field-marshal anglais Haig et l'Américain Pershing
– bientôt à la tête de plus de 1 million de « sammies » –,
leur rappelle que les Alliés, tant sur le plan des matériels
que des effectifs, dominent les Allemands.

Les commandants en chef des armées française, britannique et
américaine réunis au GQG du commandant en chef des armées
alliées, le maréchal Foch. De gauche à droite, le général Pétain
(France), le maréchal Sir Douglas Haig (Angleterre),
le maréchal Foch et le général Pershing (États-Unis).

Le nombre des prisonniers montre que le soldat allemand a changé, épuisé par ces offensives successives, qui n'atteignent jamais des résultats décisifs.

La situation du côté allié est au contraire marquée par l'ascendant moral maintenu de « notre » côté depuis le début des batailles de l'année 1918.

L'ennemi n'a pu, malgré ses efforts sans précédent, obtenir les buts qui lui étaient nécessaires. Et l'ascendant moral qui galvanise les Alliés ne peut que se renforcer.

« Le moment est venu de passer à l'offensive », répète Foch, en remettant aux trois commandants en chef un exemplaire du *Mémoire* qu'il a orienté et supervisé et dont son aide de camp Weygand est le rédacteur.

Le 8 août, la 4e armée britannique et la 1re armée française attaquent, et l'ennemi n'oppose qu'une faible résistance.

Il recule d'une dizaine de kilomètres et 25 000 hommes sont faits prisonniers. Des unités entières ont jeté leurs armes et levé les bras !

Les officiers allemands qui tentent de retenir leurs hommes sont ignorés par ces soldats qui marchent en groupe, vers l'adversaire que certains combattent depuis quatre ans. Quant aux plus jeunes recrues, elles n'ont pas eu le temps de s'aguerrir.

La défaite les entraîne.

Le général Ludendorff écrit, au soir de cette journée :

« Le 8 août est le jour de deuil de l'armée allemande. Il marque le déclin de notre force militaire et m'enlève l'espoir, étant donné notre situation au point de vue des réserves, de trouver des expédients stratégiques qui eussent pu consolider la situation en notre faveur. »

Et le 13 août 1918, Ludendorff suggère au secrétaire d'État aux Affaires étrangères – von Hintze, l'homme de l'état-major – d'entreprendre une démarche immédiate auprès de la reine de Hollande pour tenter de finir la guerre, et sauver ainsi ce qui reste de l'armée allemande.

Foch, constatant la démoralisation de l'armée allemande, donne l'ordre d'élargir le champ de bataille.

Le 20 août, les troupes se mettent en marche et, en moins d'un mois, l'adversaire a perdu tout le terrain qu'il avait conquis au cours des quatre mois précédents.

Les Allemands ont abandonné la « ligne Hindenburg », cet ensemble de fortifications, de points d'appui, de tranchées bétonnées, destinés à arrêter une offensive alliée.

La tentative de créer, loin à l'arrière, une « ligne Hermann » échoue.

Le choix des Allemands n'est plus qu'entre signer un armistice – et la paix du vaincu – ou laisser les troupes alliées entrer, pour la première fois depuis 1914, dans le Reich.

« Je vois qu'il faut déposer votre bilan. Nous sommes à la limite de nos forces. Il faut que la guerre prenne fin », déclare Guillaume II, après avoir lu le compte rendu de la journée du 8 août, ce « jour de deuil de l'armée allemande », répète-t-il après Ludendorff.

Mais aucune décision n'est prise lors d'une conférence tenue au Grand Quartier impérial de Spa, les 13 et 14 août.

On espère encore que l'offensive alliée peut être freinée, voire paralysée, et que c'est à ce moment-là qu'il faudra entamer des négociations.

« L'ennemi a surtout perdu la direction de la guerre et l'ascendant moral », réaffirme Foch.

Il charge l'armée américaine de s'emparer de la ville de Saint-Mihiel dans la vallée de la Meuse.

Les troupes du général Pershing, en deux jours, atteignent leurs objectifs, capturent 13 250 Allemands, et 460 canons !

Il est clair que la victoire des Alliés s'annonce plus proche que ne l'avait pensé Foch.

Elle peut avoir lieu avant la fin de l'année 1918.

Le 23 août, Poincaré et Georges Clemenceau se rendent aux deux quartiers généraux de Foch et de Pétain.

Ils remettent à Foch le bâton de maréchal de France et à Pétain la médaille militaire.

Qui pourrait douter de la victoire que cette cérémonie annonce ?

Cette confiance dans une prochaine victoire crée, à la Chambre des députés et au Sénat, une atmosphère faite d'enthousiasme, de lyrisme et de patriotisme flamboyant.

Le président de la Chambre, Paul Deschanel, exprime le 5 septembre « notre tendresse, notre admiration, notre reconnaissance infinie à nos armées […] qui ont vaincu les armées allemandes en portant la France au-dessus d'elle-même et sauvant l'honneur de la famille humaine ».

Clemenceau est acclamé lorsqu'il salue « nos soldats, nos grands soldats, les soldats de la civilisation […] sont en train de refouler les hordes de la barbarie. Cette tâche sera continuée jusqu'au complet achèvement que nous devons à la grande cause pour qui le plus beau, le meilleur sang français a magnifiquement été prodigué [...].

« Tous, nous voulons que cette victoire soit par la volonté de la France et des peuples de l'Entente une victoire de l'humanité. La tâche est assez belle.

« Aux hommes qui viendront, la suite du labeur. »

Le 17 septembre, au Sénat, Georges Clemenceau prononce un discours qui enthousiasme les sénateurs.

Clemenceau parle d'une voix frémissante.

Il évoque « la terreur du Germain dans le faste bruyant de ses fausses victoires [...]. L'agresseur traditionnel des antiques ruées se jeta sur notre territoire pour reprendre le cours des grandes déprédations [...] toutes les violences du passé revivant pour la hideuse joie de la brute avinée ; hommes, enfants emmenés en esclavage, voilà ce que le monde a vu, ce qu'il n'oubliera pas. [...] Nous ne cherchons que la paix et nous la voulons juste. [...] Allez donc enfants de la Patrie, allez achever de libérer les peuples des dernières fureurs de la force immonde. Allez à la victoire sans tache.

« Toute la France, toute l'humanité pensante sont avec vous ! »

Dès le 25 octobre 1918, Foch réunit à son QG de Senlis les chefs des armées américaine, anglaise et française, pour discuter et fixer les conditions militaires de l'armistice.

Le 31 octobre, à Paris, au domicile du colonel House, envoyé spécial du président Wilson, se tient une première réunion des chefs de gouvernement alliés.

À la question du colonel House demandant à Foch s'il estimait préférable de continuer la guerre ou de conclure un armistice, Foch répond :

« Je ne fais pas la guerre pour faire la guerre. Si j'obtiens par l'armistice les conditions que nous voulons imposer à l'Allemagne, je suis satisfait.

« Le but étant atteint, nul n'a le droit de faire répandre une goutte de sang de plus. »

Le président Wilson et son ami et conseiller, le colonel House.

CHAPITRE 17

1918

Et le sang continue d'être versé !

Assez de sang versé !

Au mois d'octobre et au début du mois de novembre 1918, il semble que, tout à coup, les chefs politiques et militaires des nations en guerre découvrent qu'il faut empêcher le sang rouge vif de la jeunesse de couler de millions de corps comme il le fait depuis plus de quatre ans.

Le maréchal Foch l'a dit et répété.
« Pas une goutte de sang de plus » dès lors que les objectifs sont atteints.
La guerre doit donc se terminer.
« Il me faut un armistice immédiat, dit Ludendorff, toute heure de retard aggrave le danger. »

Ludendorff et Hindenburg se soucient moins du sang – mais ils évoquent les pertes, la jeunesse et l'inexpérience des soldats de 16 ou 18 ans ! – que de l'armée allemande.
Ils craignent qu'elle ne se décompose comme l'a fait l'armée russe. Et ce serait alors la victoire de la révolution bolchevique, et le sang des élites, des patriotes, des officiers qui se répandrait.

Ludendorff demande même – exige – que l'empereur Guillaume II renonce à son pouvoir personnel et constitue un gouvernement parlementaire.

L'empereur accepte, et confie le pouvoir au prince Max de Bade qui accepte. Son gouvernement est composé de membres du Reichstag et compte deux socialistes.

Maximilien de Bade.

Le 4 octobre 1918, il adresse – par le canal de la légation de Suisse à Berlin – une note au président Wilson.

« Le gouvernement allemand prie le président des États-Unis d'Amérique de prendre en main le rétablissement de la paix, de donner connaissance à tous les États belligérants de cette demande et de les inciter à envoyer des plénipotentiaires pour engager des négociations.

« Le gouvernement allemand accepte comme base le programme fixé par le président des États-Unis dans son message du 8 janvier 1918 et dans ses déclarations ultérieures.

« POUR ÉVITER L'EFFUSION DE SANG le gouvernement demande la conclusion d'un armistice immédiat sur terre, sur mer et dans les airs. »

Assez de sang versé !

Mais en France, certains refusent l'idée d'une cessation des combats alors même que l'Allemagne occupe encore l'Alsace et la Lorraine, la Belgique.

Et Poincaré – le Lorrain – est de ceux qui veulent continuer la guerre.

Il faut faire échouer la manœuvre ennemie, dit Poincaré.

Clemenceau répond qu'il faut examiner d'éventuelles propositions allemandes.

« Nos troupes sont fatiguées », ajoute le Tigre.

Assez de sang versé ?

Poincaré, le 7 octobre, dans une lettre à Clemenceau, craint qu'on n'arrête l'élan de nos soldats.

« On va couper les jarrets à nos troupes », écrit-il.

Clemenceau, le lendemain matin, rugit en lisant ce message, prend la plume.

« Monsieur le Président,
« Je n'admets pas qu'après trois ans de gouvernement personnel qui a si bien réussi, vous vous permettiez de me conseiller de ne pas "couper les jarrets à nos soldats".
« Si vous ne retirez pas votre lettre écrite pour l'Histoire que vous voulez faire, j'ai l'honneur de vous envoyer ma démission.

« Clemenceau »

Poincaré répond aussitôt :
« Ma lettre ne justifiait nullement l'injure que vous m'adressez ni la démission dont vous me menacez et qui serait désastreuse pour le pays. »

Clemenceau est en position de force, sa popularité est immense. Il exige que Poincaré se limite à des communications verbales et devant témoins.

Poincaré accuse Clemenceau d'avoir voulu quitter Paris en mars 1918 alors que déferlaient les offensives allemandes ! Mais tous les témoins affirment le contraire.

Clemenceau répond qu'il ne veut pas être « gêné [par les messages de Poincaré] dans la liberté d'esprit nécessaire à sa tâche de tous les jours ».

« Je ne dirai rien, note Poincaré dans son *Journal*, tout s'apaisera vite. »

Mais le Président ajoute :
« Clemenceau est aveuglé d'orgueil et les relations deviennent impossibles avec lui. »

Assez de sang versé ?

Max de Bade et le président Wilson continuent à échanger des messages radio, mais Wilson exige que l'on procède « à la destruction de toute puissance qui serait à même, en secret et de sa propre volonté, de détruire la paix du monde ».

L'état-major allemand refuse cette condition.

Et le sang continue d'être versé !

L'offensive alliée se déploie à compter du 18 octobre.

Les Italiens, le 24, lancent une grande offensive qui ne rencontre qu'une faible résistance autrichienne. Le 30 octobre, c'est la victoire italienne de Vittorio Veneto et, le 3 novembre, Villa Giusti, près de Padoue, les Autrichiens signent un armistice.

« La victoire, déclare Foch, est comme une boule sur un plan incliné, plus elle avance, plus la vitesse s'accélère. »

Le 4 novembre, les conditions – élaborées par le Conseil suprême allié – sont communiquées aux Allemands.

« Ces conditions doivent suffire à mettre le Reich à la merci des vainqueurs », commente Foch.

Alsace-Lorraine, Belgique, Luxembourg, rive gauche du Rhin, bande de 10 kilomètres de large sur la rive droite doivent être évacués. 5 000 canons, 30 000 mitrailleuses, 2 000 avions, tous les sous-marins, 20 grands croiseurs et cuirassés, 5 000 locomotives seront livrés aux Alliés. Les prisonniers seront libérés sans réciprocité…

Le 5 novembre, Wilson – qui apparaît comme le chef politique de la coalition – indique au gouvernement allemand que le maréchal Foch est chargé de faire connaître les conditions de l'armistice.

Le 6 novembre, Clemenceau monte à la tribune de la Chambre des députés. Il doit présenter l'armistice conclu avec les Austro-Hongrois dès le 3 novembre. Il est rayonnant.

Il est le dernier survivant, dit-il, des députés élus en 1871 et un des signataires de la protestation contre le démembrement de l'Alsace et de la Lorraine.

Il salue d'une voix que l'émotion assourdit le défenseur du territoire, « je veux parler de Gambetta ».

On l'acclame.

« N'abandonnons pas nos querelles d'idées, reprend-il, mais ne les poursuivons pas si la France peut en souffrir. […]

« Écrire la fraternité sur les murs est facile mais ne suffit pas.

« Il faut la vivre. Soyons frères. Et si on nous demande d'où nous vient cette pensée, répondons par ces seuls mots : "La France le veut ! La France le veut !" »

Puis Clemenceau donne lecture des conditions d'armistice acceptées par l'Autriche-Hongrie.

Reste à obtenir la capitulation allemande.

Mais à la Chambre des députés puis au Sénat personne ne doute de la Victoire.

Une proposition de loi est présentée au vote des parlementaires.

« Article 1er

« Les armées et leurs chefs.

« Le gouvernement de la République, le citoyen Georges Clemenceau, président du Conseil et ministre de la Guerre, le maréchal Foch, généralissime des armées alliées, ont bien mérité de la Patrie.

« Article 2
« Le texte de la présente loi sera gravé pour devenir permanent dans toutes les mairies et écoles de la République. »

Clemenceau, arrivé au Sénat, à la fin de la séance qui le glorifie, est très entouré. Il fait l'éloge de Foch, puis ajoute :
« Et maintenant il faut gagner la paix, c'est peut-être plus difficile que de gagner la guerre. Il faut que la France se ramasse sur elle-même, qu'elle soit disciplinée et forte. »

CHAPITRE 18

1918

« Cette heure terrible,
grande et magnifique »

Clemenceau, le 6 novembre 1918, a donc d'une voix vibrante lancé aux députés qui l'acclament :

« Soyons frères. [...] La France le veut ! La France le veut ! »

Et la foule parisienne qui s'agglutine devant le siège des grands journaux est en effet « fraternelle ».

Ce même jour, aux mêmes heures, l'Allemagne impériale se défait.

Hindenburg exige du chancelier Max de Bade de demander aux Français un armistice immédiat.

Car ce que craint Hindenburg – resté à son poste contrairement à Ludendorff –, c'est la contagion révolutionnaire.

Les marins de l'escadre ancrée à Kiel se mutinent, refusent de pousser les feux des chaudières, quittent les navires, se répandent dans les rues de Hambourg, gagnent Cologne, Brunswick, Berlin même !

La capitale est parcourue par les insurgés, marins ou ouvriers. À Cologne, à Munich, les socialistes-révolutionnaires créent des Soviets.

Le mouvement spartakiste se réclame de Lénine.

Une manifestation spartakiste en novembre 1918.

L'ambassadeur russe Joffe, un bolchevique, aide de ses conseils et de ses fonds les insurgés.

Dans la nuit du 6 au 7 novembre, Foch adresse ses consignes aux « plénipotentiaires » allemands.

« Ils se présenteront aux avant-postes français par la route Chimay-Fourmies, la Chapelle-Guise. Des ordres sont donnés pour les recevoir et les conduire au lieu fixé… »

Le convoi allemand – cinq voitures, avec un énorme drapeau blanc hissé sur la première auto – franchit les lignes à 21 h 30 le 7 novembre.

Après vérification des papiers, ils sont conduits au son d'un clairon français à la Chapelle. De nombreux poilus se sont avancés, et regardent en silence passer le cortège de ceux qu'ils ont combattus.

Arrivée des parlementaires allemands dans les lignes françaises, à Rethondes.

Le 8 novembre 1918, à 7 heures du matin, le train spécial amenant la délégation allemande, dirigée par le secrétaire d'État Erzberger, pénètre dans la forêt de Compiègne et s'arrête sur un tronçon de voie ferrée proche du carrefour de Rethondes.

Foch, entouré de l'amiral anglais Wemyss, du général Weygand et de plusieurs officiers, signifie aux Allemands qu'ils ont soixante-douze heures pour accepter ou refuser le texte qui ne sera pas modifié.

Berlin est parcouru par les cortèges révolutionnaires, et le chancelier Max de Bade, pour préserver l'Allemagne du bolchevisme, prend l'initiative de publier un communiqué annonçant que « l'empereur et roi a renoncé au trône pour lui et le prince héritier ».

Puis Max de Bade se démet de sa charge et cède la place à un socialiste modéré, Ebert.

Guillaume II, sous escorte, est en partance pour l'exil, aux Pays-Bas, après son abdication.

Du haut du balcon du Reichstag, la République est proclamée. C'est la fin du IIe Reich, Guillaume II s'enfuit en Hollande. Ebert devient président de la République et le socialiste Scheidemann est chancelier.

Le lendemain 11 novembre, à 2 h 15 du matin, les plénipotentiaires rencontrent Foch.

Le maréchal qui préside « est assis à la table dans un calme de statue, parfois il tire sa moustache d'un geste énergique ».

Friedrich Ebert.

On règle quelques points particuliers. Ainsi l'Allemagne est autorisée à ne livrer que 25 000 mitrailleuses au lieu de 30 000 car il faut laisser aux Allemands les moyens de lutter contre la vague révolutionnaire !

L'armistice est signé peu après 5 heures du matin le 11 novembre. Il entrera en vigueur six heures plus tard.

À Paris, vers 10 heures du matin ce 11 novembre 1918, le bruit de la signature de l'armistice se répand.

Foule délirante, cloches qui sonnent dans toute la France comme l'écho inversé du tocsin qui avait annoncé la mobilisation le 1er août 1914.

C'est donc fini !

On danse. On chante. On embrasse les hommes en uniforme !

Clemenceau, jaquette noire à basques carrées, petite cravate noire, gants gris, visage jaune, monte à la tribune de la Chambre des députés.

Il donne lecture des clauses de l'armistice.

Puis, bras levés, il envoie « le salut de la France unie et indivisible, à l'Alsace et à la Lorraine retrouvées ! ».

Les députés debout l'acclament longuement.

Clemenceau salue « le président, la nation américaine, les nations alliées et les chefs qui sont à leur tête et ont bien mérité de l'humanité ! ».

Il reprend après avoir laissé déferler la vague d'acclamations :

« Et puis honneur à nos grands morts qui nous ont fait cette victoire ! »

Clemenceau se recueille, tête penchée, pour que toute l'assistance communie avec lui.

Il parle des « vivants » qui passeront sur nos boulevards, vers l'Arc de triomphe.

« Nous les attendons pour la grande œuvre de reconstruction sociale.

« Grâce à eux, la France, hier soldat de Dieu, aujourd'hui soldat de l'humanité, sera toujours le soldat de l'idéal. »

Silence, acclamations, silence.

Et la voix claire de Clemenceau qui s'élève :

« En cette heure *terrible*, grande et magnifique, mon devoir est accompli. »

Lithographie représentant Clemenceau à la tribune de
la Chambre des députés le 11 novembre 1918.

CHAPITRE 19

1918

À Metz et à Strasbourg :
« Vivent nos libérateurs ! »

C'est donc la victoire, « grande et magnifique », a dit Clemenceau.

Mais en ces jours de novembre et décembre 1918, on veut oublier que le président du Conseil a d'abord dit une « *terrible victoire* » !

Il a aussi répété « Honneur à nos grands morts ! ». Et comme on dénombre 1 315 000 morts, soit 16,5 % des 7 948 000 Français de 18 à 51 ans mobilisés, il faut imaginer l'océan noir des deuils qui submerge les proches de ces innombrables tués.

Mais l'heure est aux défilés, aux célébrations : treize députés et trois sénateurs sont tombés. On les honore.

On acclame les troupes qui le 17 novembre défilent de l'Arc de triomphe à la statue de Strasbourg, place de la Concorde. On a arraché le voile de crêpe noir qui couvrait la statue.

Défilés à Mulhouse, à Strasbourg, à Metz, où Poincaré remet à Pétain le bâton de maréchal.

Le président de la République donne l'accolade au nouveau maréchal, puis se tourne vers Clemenceau :

« Et vous aussi il faut que je vous embrasse !

— Bien volontiers », répond Clemenceau.

Les Grands Boulevards à Paris, le 11 novembre 1918.

Remise du bâton de maréchal à Philippe Pétain. Derrière Pétain, on peut voir les maréchaux Joffre, Foch, Douglas Haig et les généraux Gillain, Pershing et Halle.

Le temps des querelles politiques est suspendu.

Les Alsaciens et Lorrains, ceux de Metz et de Strasbourg, accueillent dans l'enthousiasme les trois cents parlementaires, ceints de leur écharpe tricolore, venus avec le gouvernement, en trains spéciaux, rendre hommage à ces terres françaises un temps arrachées à leur patrie.

« Vivent nos libérateurs, vive la France ! » crie-t-on à Metz et à Strasbourg.

Rentré à Paris, Clemenceau évoque à la Chambre des députés son voyage en Alsace.

« J'ai vu aussi dans un petit village une bonne vieille religieuse qui, sous sa coiffe, et les yeux baissés chantait *La Marseillaise* comme elle aurait dit une prière : admirable ferveur ! »

Il ajoute :

« Le respect de toutes les croyances, la fin de nos discordes, l'oubli de nos querelles, voilà la leçon de modération, de discipline, d'union que doit nous donner la victoire. »

Mais, déjà, les députés se divisent sur la question de la démobilisation. Quand laissera-t-on les poilus rentrer dans leurs foyers ?

Cette guerre ne devrait-elle pas être « la dernière des guerres, la der des der » ?

Le sous-secrétaire d'État à la Démobilisation met aussitôt les députés en garde :

« Nous avons devant nous un adversaire qui garde ses armées, déclare-t-il, et, nous serions mal inspirés de compromettre, par quelques semaines d'impatience, l'œuvre de quatre années de sacrifices sans pareils. »

Faut-il, alors que l'année 1918 n'est pas encore achevée, déjà évoquer de nouvelles menaces ?

Le 14 décembre, le voyage à Paris du président Wilson est triomphal. Jamais personne, soulignent les journaux, n'a été acclamé comme le président des États-Unis.

Raymond Poincaré avec Thomas Woodrow Wilson en visite à Paris en décembre 1918.

Les socialistes saluent Wilson qui veut établir « la paix future du monde, et qu'ainsi elle apporte la liberté et le bonheur aux nombreux peuples qui y auraient participé ».

Mirages ?

On veut croire au projet de Wilson, cette Société des Nations qu'il a déjà évoquée.

Il fait l'unanimité.

Les sceptiques se taisent.

Les socialistes saluent le but wilsonien, « une paix de conciliation juste, humaine et durable ».

Et les rivaux et ennemis de Clemenceau invoquent Wilson pour mieux critiquer la façon dont le Tigre envisage le traité de paix.

Le 11 novembre 1918, Foch avait adressé un ordre du jour aux armées alliées.

« Après avoir résolument arrêté l'ennemi, avait écrit Foch, vous l'avez pendant des mois, avec une foi et une énergie inlassables, attaqué sans répit.

« Vous avez gagné la plus grande bataille de l'Histoire et sauvé la cause la plus sacrée, la liberté du monde.

« Soyez fiers.

« D'une gloire immortelle, vous avez paré vos drapeaux.

« La postérité vous garde sa reconnaissance. »

11 novembre 1918.

Jour de victoire et d'unanimité.

Décembre 1918.

L'armistice n'est vieux que d'un mois.

Le temps des célébrations fraternelles s'achève.

Commence le temps des règlements de comptes et le retour des polémiques et des ambitions.

CHAPITRE 20

1918

« La paix est une question grave
et même terrible »

« Terrible victoire », avait dit Clemenceau, célébrant l'armistice.

Et lorsqu'il intervient à la Chambre des députés, lors d'un grand débat consacré à la politique extérieure, qui dura vingt-quatre heures sans interruption, du dimanche 29 décembre au lundi 30 à 9 heures du matin, il déclare :
« La paix est une question grave et même terrible. Tous les continents du monde y sont intéressés. »

Avant lui, son ministre des Affaires étrangères – Pichon – a évoqué la nouvelle donne diplomatique.
« Dans ses limites territoriales, l'Allemagne de demain ne doit plus ressembler à l'Allemagne d'hier », annonce Pichon.

Mais ni Clemenceau ni son ministre ne dévoilent leurs intentions précises concernant l'Allemagne.
En revanche, Pichon ajoute :
« La disparition de l'Autriche pose un problème dont il faut envisager la portée sans en exagérer la gravité… »
Et Clemenceau est tout aussi désinvolte.
« L'Empire des Habsbourg a mérité sa destinée. »

Que va-t-on faire des nations, des peuples qui constituaient cet Empire ?

Stephen Pichon.

Clemenceau laisse dire qu'il y a des parties de cet Empire, Bohême, État yougoslave, Pologne – qui doivent être intégralement restaurées avec un accès à la mer –, favorables aux Alliés.

Et Clemenceau, dans un télégramme du 21 décembre, évoque la situation en Russie :

« Le plan des Alliés est de réaliser l'encerclement économique du bolchevisme. »

« Le gouvernement actuel de Moscou règne uniquement par la terreur, des milliers de personnes sont fusillées sans jugement », ajoute Pichon.

Un député socialiste lance au ministre :

« En 1793, on a fait la même chose ! »

Pichon s'emporte, s'indigne :

« Toutes les libertés sont supprimées, aussi bien pour les ouvriers et les paysans que pour les bourgeois. La voix de la nation est radicalement étouffée. »

Et suscitant des murmures socialistes, il dit, détachant chaque mot :

« Ce despotisme plus terrible que le militarisme prussien est soutenu par une poignée d'énergumènes. Il cause une famine effroyable, et conduit le pays où il exerce son action à une ruine complète […]. Le gouvernement bolcheviste s'est conduit contre nous en véritable allié de l'Allemagne et s'est ainsi placé au rang de nos ennemis. »

Ainsi peu à peu, dans ces dernières heures du mois de décembre 1918, Clemenceau et son gouvernement esquissent une nouvelle politique étrangère de la France.

Clemenceau complète cette architecture en faisant l'éloge du président Wilson.

« Dans un intérêt de parti, commente Clemenceau, certaines personnes lui prêtent des pensées qui ne sont pas les siennes. Le président Wilson est un esprit large, ouvert et haut, un homme qui inspire le respect par la simplicité de sa parole et la noble candeur de son esprit.

— C'est abominable, s'écrie Renaudel, l'un des députés socialistes les plus influents.

— Cette parole, dans mon esprit, est un haut éloge », précise Clemenceau.

Et il conclut son intervention en appelant à l'union.

« Si nous n'arrivons pas à un accord, notre victoire sera vaine ! […]

« Mais nous sommes une équipe de bons Français, poursuit Clemenceau, de bons républicains, en un mot de braves gens qui s'efforcent de bien servir leur pays.

« Si vous nous donnez votre confiance, nous n'épargnerons rien pour la mériter, continue-t-il.

« Mais si vous avez la moindre hésitation, dites-le. Pour ma part je m'engage à vous faire un grand salut et à vous remercier. »

Nous sommes le lundi 30 décembre 1918.

Une autre période historique commence, mais elle est, pour une large part, le fruit de cette « terrible victoire », qui ensanglante la France, crée les conditions pour que surgissent, là, à Milan, le fascisme mussolinien et, à Munich, le nazisme hitlérien.

Mussolini et Hitler sont deux anciens combattants de cette Première Guerre mondiale qui a aussi provoqué la révolution bolchevique russe et la décomposition de l'Empire austro-hongrois.

C'est cette Europe différente que le président Wilson quitte le 29 juin 1919.

Le président des États-Unis a participé la veille – ce 28 juin – à la signature solennelle du traité de paix, à Versailles.

« À 3 h 55, Clemenceau s'est levé et a déclaré :

« La signature des conditions de paix entre les puissances alliées et associées et l'Empire allemand est un fait accompli. La séance est levée. »

Pour l'Allemagne – qui le signe –, c'est un Diktat.

Et de jeunes Allemands de 18 ans qui ont combattu dès 1916 trouveront dans ce « Diktat », dans les clauses

**Signature du traité de Versailles par les délégués allemands
dans la galerie des Glaces.**

de ce traité de paix, les raisons d'adhérer à des mouvements nationalistes ou au nazisme.

Quant au président Wilson, qui a lancé l'idée d'une
Société des Nations, il embarque à Brest sur le *George-
Washington* escorté par huit navires de guerre américains.

Mais les États-Unis, avec lui, sont entrés sur la scène du monde.

Ils ne cesseront d'y jouer, pendant tout le XXe siècle, le premier rôle.

Or, en 1919, nombreux étaient les Français persuadés que la France, avec cette « terrible » victoire, allait dicter « le destin du monde ».

N'était-elle pas, imaginait-on, la plus grande puissance militaire ?

Le 27 juin 1919, la Chambre des députés avait adopté un crédit de 4 millions pour préparer « le 14 juillet prochain : la fête de la Victoire ». On allait y voir défiler la plus grande armée du monde !

Terrible victoire : 1 322 000 tués et 4 266 000 blessés et la moitié d'entre eux blessés deux fois. Sans oublier les 70 000 tués venus d'Afrique du Nord ! Et des milliers d'autres, d'Afrique noire.

Cet océan de sang, de deuil et de souffrances recouvre la nation, mutile le pays : 833 polytechniciens sont morts au combat. Sur 346 élèves – ou anciens élèves – de l'École normale supérieure mobilisés, 143 ont été tués. Plus de la moitié des instituteurs mobilisés sont tombés. Et il y a ces centaines de milliers d'enfants qui n'ont pu naître, parce que ceux qui seraient devenus leurs jeunes pères gisent dans les grands ossuaires, qui peuplent de croix blanches les lieux où ils se sont battus.

Terrible victoire.
La France est épuisée, saignée.
Mais elle est aussi appauvrie, ses créances sur la Russie ne seront jamais honorées.

Les impôts, l'inflation, les emprunts ont ruiné les « rentiers », vidé les poches des citoyens et les coffres-forts de la Banque de France.

« Le Boche paiera », a-t-on répété.

Pieux mensonge, piètre illusion.

Les Français, dont Clemenceau espérait qu'ils allaient faire vivre la fraternité – parce que « La France le veut ! La France le veut », avait-il prêché –, se divisent.

Les uns observent avec sympathie le fascisme italien.

Les autres placent leur espoir dans le « pays des Soviets ».

Les uns marchent au pas des ligueurs, derrière les drapeaux tricolores. Ils sont « croix de feu ».

Les autres adhèrent au parti communiste français et scandent « Vive Staline », et « Le fascisme ne passera pas ».

Le Front populaire qui, dans l'« unité d'action », rassemble en 1936 communistes et socialistes ne dure que quelques mois.

1914-1918 devait être la dernière des guerres, la « der des der ».

Une seconde guerre mondiale se profile.

Les chemises brunes défilent à Berlin. Et l'ancien combattant Adolf Hitler est chancelier du IIIe Reich.

Voilà vingt ans après 1918, la France et l'Angleterre placées devant le risque d'une nouvelle guerre.

À Munich, en septembre 1938, les nations démocratiques capitulent devant Hitler et Mussolini – tous deux en uniforme !

Impitoyable, Churchill commente cette politique de

Daladier et Chamberlain, le président du Conseil français et le Premier ministre britannique :

« Ils ont choisi le déshonneur, croyant préserver la paix, ils auront le déshonneur et la guerre », déclare-t-il.

Une autre histoire !

Celle d'une guerre de trente ans (1914-1945) : nazisme, hécatombe – 50 millions de morts – et génocide, Auschwitz !

Celle qui voit s'étendre la domination du « bolchevisme » qui a pris le pouvoir en Russie, en 1917. La chute du mur de Berlin en 1989 marque la fin de l'URSS : Leningrad redevient Saint-Pétersbourg. Et l'Allemagne a de nouveau Berlin pour capitale.

La paix que l'on croyait établie le 11 novembre 1918 n'avait été qu'un entracte, une illusion.

Et 1918, une *terrible* victoire[1].

_____

1. Voir l'épilogue du premier volume de cette *Histoire de la Première Guerre mondiale : 1914, le destin du monde*, XO Éditions, 2013.

ÉPILOGUE

LA TERRIBLE VICTOIRE
DE GEORGES CLEMENCEAU

On acclamait Georges Clemenceau.

À l'unanimité – moins 1 voix – les députés procla-maient que Clemenceau avait, avec Foch, bien mérité de la Patrie.

Une plaque devait être apposée dans les écoles et dans les mairies. Et dans les villes et les villages, on baptisait rues et places du nom de Georges Clemenceau. Et on dressait sa statue.

Il était devenu *le Père la Victoire*.

Terrible victoire.

Le 19 février 1919, à 8 h 40, alors qu'il quittait son appartement de la rue Franklin, un anarchiste – Émile Cottin – tira sur la voiture du Tigre dix coups de revolver.

Trois balles atteignirent le président du Conseil de 78 ans.

Une semaine plus tard, il réoccupait son bureau au ministère de la Guerre. Trois balles l'avaient touché, mais seule l'omoplate avait été atteinte. L'anarchiste fut condamné à mort. Clemenceau fit commuer sa peine. Mais l'attentat donne la mesure de la haine que Clemenceau pouvait susciter.

Arrestation de l'anarchiste Émile Cottin.

Les plus déterminés à l'abattre étaient ses rivaux politiques.

Clemenceau avait accepté de laisser ses amis le présenter à la présidence de la République, le 16 janvier 1920.

À ce vote préparatoire, son rival Deschanel obtint 408 voix, et Clemenceau 389. Mais 120 parlementaires n'avaient pas voté. Rien n'était donc perdu, sauf pour Clemenceau.

Il déclara aussitôt :

« Je prends la liberté de vous informer que je retire à mes amis l'autorisation de poser ma candidature à la présidence de la République et que s'ils passaient outre et obtenaient pour moi une majorité de voix je refuserais le mandat ainsi confié. »

Aux journalistes qui l'entouraient, il ajouta :

« Je crois avoir fait tout mon devoir. Le pays jugera.

En tout cas, je ne veux pas me diminuer en essayant de gouverner contre une majorité. »

Ainsi se terminait la vie politique du Vendéen, athée, Georges Clemenceau.

Il avait été élu pour la première fois en 1871, député radical de la Seine.

Il était le dernier survivant de ce groupe de députés « protestataires » qui s'étaient dressés contre l'annexion de l'Alsace et de la Lorraine par le Reich allemand.

« Tombeur de ministères », défenseur de Dreyfus – on lui doit le titre « J'accuse » donné à l'article de Zola –, directeur de *L'Homme libre* où il publia un éditorial quotidien, il assuma la charge de président du Conseil de 1906 à 1909.

Il devint le « premier flic de France » et son gouvernement brisa de nombreux mouvements sociaux.

Et c'est lui que la « droite » et la « gauche » cherchaient à briser.

Puis vint la guerre.

Il fut le député patriote, qui voulait dire la vérité, malgré la censure, en « Homme libre ». Et il rebaptisa son journal *L'Homme enchaîné*, souvent censuré.

Puis ce fut la présidence du Conseil. « Je fais la guerre », martela-t-il. Et il devint *le Père la Victoire*, que les ternes politiciens refusèrent d'élire à la présidence de la République, choisissant le plus médiocre Deschanel.

Le 18 janvier 1920, Clemenceau remit la démission de son gouvernement à Poincaré et quitta Paris.

Il voyagea – Égypte, Asie du Sud-Est, États-Unis.

Arrivée de Georges Clemenceau à New York. Il a cueilli, au vol, une des roses qui lui ont été lancées.

Il avait 80 ans.

Il se rendit en Angleterre pour recevoir le grade de docteur *honoris causa* que devait lui conférer l'université d'Oxford.

Il répondit à la brève allocution du chancelier de l'université :

« Je vous présente un homme vieux en années, jeune en esprit. »

Il suivait avec attention l'évolution de la situation internationale.

En juin 1921, au retour d'un voyage aux États-Unis, il dit au général Mordacq :

« Dès maintenant il faut s'attendre à des difficultés continuelles avec les Allemands, qui, voyant l'Amérique indifférente et l'Angleterre retourner à sa vieille politique traditionnelle anti-française, vont se croire tout permis et feront tout pour obtenir l'annulation du traité.

« Voilà où nous en sommes. Voilà où nous a conduits cette politique de faiblesse que nous menons depuis dix-huit mois. »

Juste diagnostic, qui renvoie au titre *Grandeurs et misères d'une victoire* que Clemenceau donne au livre écrit pour contester les points de vue du maréchal Foch dans ses *Mémoires*. Le maréchal met en cause Clemenceau.

Grandeurs et misères d'une victoire connaît un immense succès et Clemenceau distribue une bonne part des droits d'auteur notamment à son personnel domestique.

Mais ces gains inattendus ne lui permettent pas d'acheter sa résidence de Bel-Ebat, à Saint-Vincent-sur-Jard en Vendée.

Un propriétaire proposait de mettre gratuitement à la disposition de Clemenceau cette maison. Clemenceau refusa et on aboutit à un accord, sur un « bail à vie » de 150 francs par an. Le propriétaire – royaliste et catholique – admirait le Père la Victoire et s'engagea en outre à verser ce « loyer » aux pauvres de la commune. Quant à Clemenceau, il retrouvait le paysage de son enfance.

« Depuis trois jours, écrivait-il, j'ai possession de mon ciel, de ma mer et de mon sable… Je suis rentré sans autre effort dans le courant de la vie vendéenne qui m'agrée à souhait. Je vis entouré de crevettes, de homards… »

Une vue de 1930 de la maison de Georges Clemenceau.

Il marche le long de la mer, il cultive des fleurs et des arbrisseaux, et surtout il écrit.

Il termine un *Démosthène*, un essai, *Au soir de la pensée*, et surtout *Grandeurs et misères d'une victoire*. Et chaque jour il répond à une dizaine de lettres. Et parmi ces missives la lettre quotidienne à Marguerite Baldensperger à laquelle va le lier une amitié passionnée.

Il apprendra que les époux Baldensperger ont perdu leur fille et, bouleversé par le récit de ce « calvaire », il dit à Marguerite :

« Je vais beaucoup penser à vous… Il faut lutter, je vous aiderai. »

Il se tut longuement puis ajouta quelques mots qui révélaient et scellaient leur tendresse :

« Mettez votre main dans la mienne. Voilà, je vous aiderai à vivre et vous m'aiderez à mourir. Tel est notre pacte. Embrassons-nous. »

À compter de 1927 – il avait 86 ans –, la mort de ses proches vint lui annoncer que son tour approchait à grands pas. Ses trois sœurs, son jeune frère, ses amis chers, le peintre Claude Monet et Gustave Geffroy, disparurent.

Le peintre Claude Monet et Clemenceau sur le pont des nymphéas, à Giverny.

Et à ses malheurs « privés » s'ajoutait le spectacle de la déchéance qu'offrait son pays. Devant l'anéantissement rapide de presque tout ce qui avait été difficilement gagné, Clemenceau paraît parfois « vaciller », écrit Georges Wormser, l'un de ses plus proches et fidèles collaborateurs.

« Il lui faut survivre à toutes les séparations, il lui faut pressentir qu'une conflagration générale va encore éclater, sans rien pouvoir faire d'autre que d'écrire des livres… »

C'est l'année 1929, celle de la grande crise économique mondiale.

Le 28 mars 1929, Clemenceau rédige son testament.

« Je veux être enterré au Colombier à côté de mon père, écrit-il. Mon corps sera conduit de la maison mortuaire au lieu d'inhumation sans aucun cortège. Aucune ablation ne sera pratiquée. Ni manifestation, ni invitation, ni cérémonie.

« Autour de la fosse, rien qu'une grille de fer, sans nom, comme pour mon père. Dans mon cercueil, je veux qu'on place ma canne à pomme de fer qui est de ma jeunesse et le petit coffret recouvert de peau de chèvre qui se trouve au coin gauche de l'étage supérieur de mon armoire à glace. On y laissera le petit livre qui y fut déposé par la main de ma chère maman.

« Enfin, on y joindra deux bouquets de fleurs desséchées qui sont sur la cheminée de ma chambre qui donne accès au jardin. On mettra le petit bouquet dans l'obus qui contient le grand, et le tout sera déposé à côté de moi.

« Je nomme mon très cher ami Nicolas Pietri mon exécuteur testamentaire, en lui adjoignant Mᵉ Pournin.

avocat, et mon fils Michel, et je les remercie de la peine que cela pourra leur donner. »

Les « deux bouquets de fleurs desséchées » lui avaient été donnés par les poilus alors qu'il visitait les tranchées creusées dans la craie de Champagne.

Il les avait conservés à côté de lui jusqu'à cette année 1929.

Ces bouquets, il ne voulait pas que la mort les disperse.

Mais il distribuait des objets à ses amis. Il donnait son Daumier au musée du Louvre, son bureau et son petit encrier à Marguerite Baldensperger et la chargeait de la publication de ses ouvrages.

Georges Clemenceau mourut le dimanche 24 novembre 1929, à 1 h 45 du matin.

Le lundi 25 novembre à 2 heures du matin, le cortège se mit en route pour le Colombier où Georges Clemenceau devait être inhumé, à côté de son père.

Le vent froid lance de longues rafales de pluie.

Sur le passage du cortège, les paysans sur le pas des portes saluent, se signent.

La cérémonie au cimetière est brève. Chacun jette une petite motte de terre dont le vent porte loin le bruit qu'elle fait en frappant le cercueil.

Clemenceau repose ainsi à 20 kilomètres de Mouilleron-en-Pareds, où il est né il y a 88 ans.

Grandeurs et misères d'une *terrible victoire*.

Cliché instantané de Georges Clemenceau, pris immédiatement
après la séance du 7 mai 1919 au Trianon-Palace à Versailles.
Photographie parue dans *L'Illustration* du 10 mai 1919.

Table des matières

DEUXIÈME PARTIE
1918-1920

CRÉDITS PHOTOGRAPHIQUES

Composé par PCA
à Rezé

POCKET – 12, avenue d'Italie – 75627 Paris Cedex 13

Dépôt légal : septembre 2014
S25045/01